自分を変える 思考の道具箱

Use philosophy to create the best life you can

富増章成

青春出版社

はじめに

本書にはすぐに使える道具《ツール》がたくさん詰まっています。それも、今、この瞬間から使えます。でも、それは目には見えないし、触ることもできない道具なのです。

その道具とは「思考法」のことです。地球上で最もすぐれたあなたのコンピューター（脳のこと）にこれをインストールすれば、**たちまち世界が変わります**。同じ風景がことなった角度で見えてきたり、自分自身の知らなかった側面を発見したり、**まさに、世界と自分のチューニングです**。

本書に登場する様々な思考法は、２５００年前から脈々と続く大思想家たちのエッセンスをすぐに使える形にしたもの。すぐにあなたの脳にチャンネル登録しましょう。

本書はこんなお悩みを持つ方によく効きます。

「最近、思考が堂々巡りして悩んでいる」
「頭が固くなってしまったような気分で、新しい発想が出てこない」

「情報があふれすぎて考える順番がわからなくなってしまった」
「やることが多すぎるあまり、ゴールが見えないからやる気がしない」
「ポジティブ思考がいいのはわかっているけど、気がつくとネガティブだ」
「毎日、怒鳴りたくなるほどの怒りを感じるし、イライラの連続だ」
「不安のあまりに眠れないし、かといって起きていても何もできない」
「ダラダラと、ゲームをしたり動画を見たりする自分に罪悪感を感じる」

そんなあなたにすぐに使える形でご提供させていただいたのが、この道具箱のツールです。**その日の気分に合わせて、様々な哲学者・思想家の思考法をチョイスしてみると、不思議なことに頭がクリアになったり、気分がウキウキしてきたりする**のです。音楽を聴く、ドラマを見る、散歩をする、スポーツをするといったことで気分転換できるというのならわかる。でも、考えただけでそんなに劇的な変化があるものかねぇ…という疑問をもつ方も、ぜひお試しください。

なぜなら、世界はあなたあってこその世界。**あなたが変われば世界がかわる。そしてあなたとは「思考」する本体なのです。**

2500年前
天才、哲人たちの思考法
えーっ○○主義をつらぬくべきでしょ！
古典的な人？
現在
自由に思想を道具(ツール)としてチョイス！

というわけで、どこから読んでもOKです。

ところが、本書にパラパラと目を通すと、おかしなことに気づかれるでしょう。それは、ページごとに書いてあることが違うということ。まったく正反対の主張が目につくはずです。

たとえば、「禁欲的に生活してがんばる力を強める思考法」が出てきたと思ったら、「快楽を増やすことが正しいことだ」なんて主張が飛び出します。言っていることが全部違う…。実はわざとそのように構成されています。

それでいいんです。

そもそも、一つの偏った考え方にこだわ

っているから、様々な悩みが出てくるのではないでしょうか。こうするしかないという袋小路に入っているから、悩みが生じることが多いのでは？

もっと自由になっていいのです。なにしろ、考えるだけだからご心配なく。外からわかりません。バチもあたりませんし、逮捕されることもありません。

あなただけの自由な思考空間。そこに自分自身でチョイスしたツールを投げ込めばいいだけ。**うまくいかなかったら変えればいいじゃないですか。**全然、こだわらなくてもいいのです。あなたが全部決めていいのです。

気分がよくなればそれでいいし、しみじみと感慨にふけりたかったらそうすればいい。

誰も文句はいいません。

「今日の気分は、デカルト。昨日はニーチェだったけどね」

え？　そんなちゃらんぽらんなことでいいんでしょうか。小さい頃から一つのことをやり抜き通せと教えられたのに！　そもそも、哲学者・思想家、あるいは宗教家の考え方をチョイスするなんて不謹慎では？？？　この著者のようないい加減なやつは見たことがない。

いいんです！

あなたが主役なんです。○○主義やら○○教があなたを指導しているのではないのです。

あなたが選ぶのです。

その結果、あなたが幸せな気分になればそれでいいのです。

さらに、このツールを使えば、**お互いがそれぞれの考え方をもって、コミュニケーションをとりあい、相手の立場を尊重しつつ、「へえ、そういう考え方もあるんだなあ」と寛大な気分になれる**ことでしょう。

様々な道具を頭にいれることで、偏りが消えるから頑固さが消えます。柔軟になります。問題解決ができます。クリエイティブになれます。いいことだらけではありませんか。

それに、難しい哲学書を何日もかけて読まなくてもいい。それは専門家の仕事。私たちは、ありがたく即効性のあるところを使わせていただきましょう。

さあ、悩むのはやめて、考え方を変えてください。変わらなかったら別の道具を使ってください。それもだめだったらすぐ交換して！　きっとぴったりサイズのパーツが見つかりますよ。

思考の道具箱をおもいっきり引っかき回してください。

２０１６年４月　　富増章成

自分を変える思考の道具箱　目次

Step 2 立ちどまって考える ——生き方編

Step 3 内面から考える
――メンタル・モチベーション編

カバー写真提供 shutterstock
Bukhavets Mikhail/shutterstock.com
本文写真提供 shutterstock
davooda/shutterstock.com
本文図版作成・DTP ハッシィ

Step 1

次の一手を考える

——意思決定・問題解決編

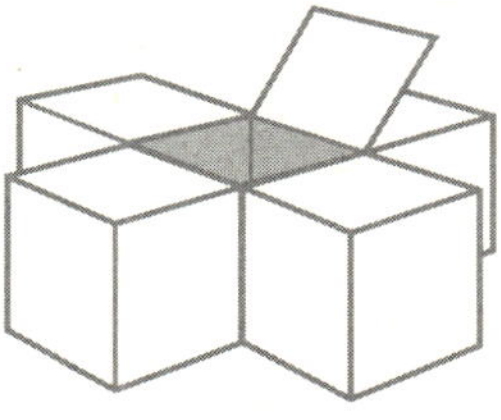

思考の道具01

プラグマティズム

迷いがなくなるプラグマティズム的思考とは？

■説得力のある思考法とは？

判断には、「事実判断」と「価値判断」の区別がある。前者は、「ある事柄が事実である」とする判断であり、後者は「ある事柄が事実でなければならない」とする判断である。たとえば「あの人は○○をしている」というのが事実判断であるのに対して、「あの人は○○をすべきではない」、あるいは「○○は醜い」というのは価値判断である。

だから、**自分が何かを判断するときは、「望まれたもの」と「望ましいもの」との違いを、はっきり区別してみるとよい**だろう。「だれかが○○することを望んだ」というとき、これは事実に関する報告であって、事実判断である。例えば「誰かが転職することを望んだ」とはその人が転職を望んだという事実を説明しただけだ。いいとも悪いとも言っていない。

しかし「○○することは、その人とって望ましいものであった」あるいは「望ましいものではなかった」というとき、これは価値判断である。

たとえば「転職することはその人にとって望ましいものであった」「望ましいものではなかった」のように、いいのか悪いのかが判断されている。さて、この価値判断が本当に望ましいのか望ましくないのかを決定するにはどうすればよいのだろうか？

「転職しようと思うんだが」と相談されたとき、「人間は一度始めたことはやり遂げるべきだ」なんて説教したら、それは唐突に本質的な判断をしただけである。だから、単に「転職は望ましくない」と言っているだけ。「転職」そのものが悪いことのように主張されているからだ。

このように、日常の中で、「それは自己本位だからいけない」とか「良心が痛むからいけない」とか経験とは無関係に、それそのものの中身がいいとか悪いとか判断される場合が多い（価値判断）。

「規則正しく生きることは、人間にとって正しいのだ」という正論は、実は中身のない発言かもしれないのである。

「～という行為は、本質的に悪い」と主張した場合、「それは悪いから悪い」と繰り返しているだけだ。

「嘘をつくのはいけない。人としてあたりまえのことだ」などの一見論理的にみえる言説も、「それはそういうものだ」と断定している。「不規則はいけない」「嘘はいけない」がなぜなのかという根拠が、最初から決まっているわけだ。このような発想だけで物事を判断すると、価値観のおしつけあいになる恐れがある。なぜなら、それ自体に価値があると考えると、知らず知らずのうちにイデア論（126ページ参照）の立場に立っている場合があるからなのだ。科学的に考える場合はイデア論を使わない方がよいかもしれない。

■自分に合った思考法をチョイスする

「規則正しく生きることが望ましい」という価値判断も、「世の中そういうもんだ！」なんて頭ごなしに押しつけられるより、**事実判断から説明してもらった方が納得がいく**。規則正しく生きると「健康によい」「作業能率があがる」「給料がアップする」などの経験的事実から説明してもらえば「ああ、だから規則正しく生きた方が得なんだ」と腑に落ちる。

「嘘をついてはいけない。それが人の道だ。嘘はいけないからいけないんだ」という価値判断も、それが人間にとって正しい道だという価値判断によるのではなく、「嘘をついて

●プラグマティズムの考え方とは？

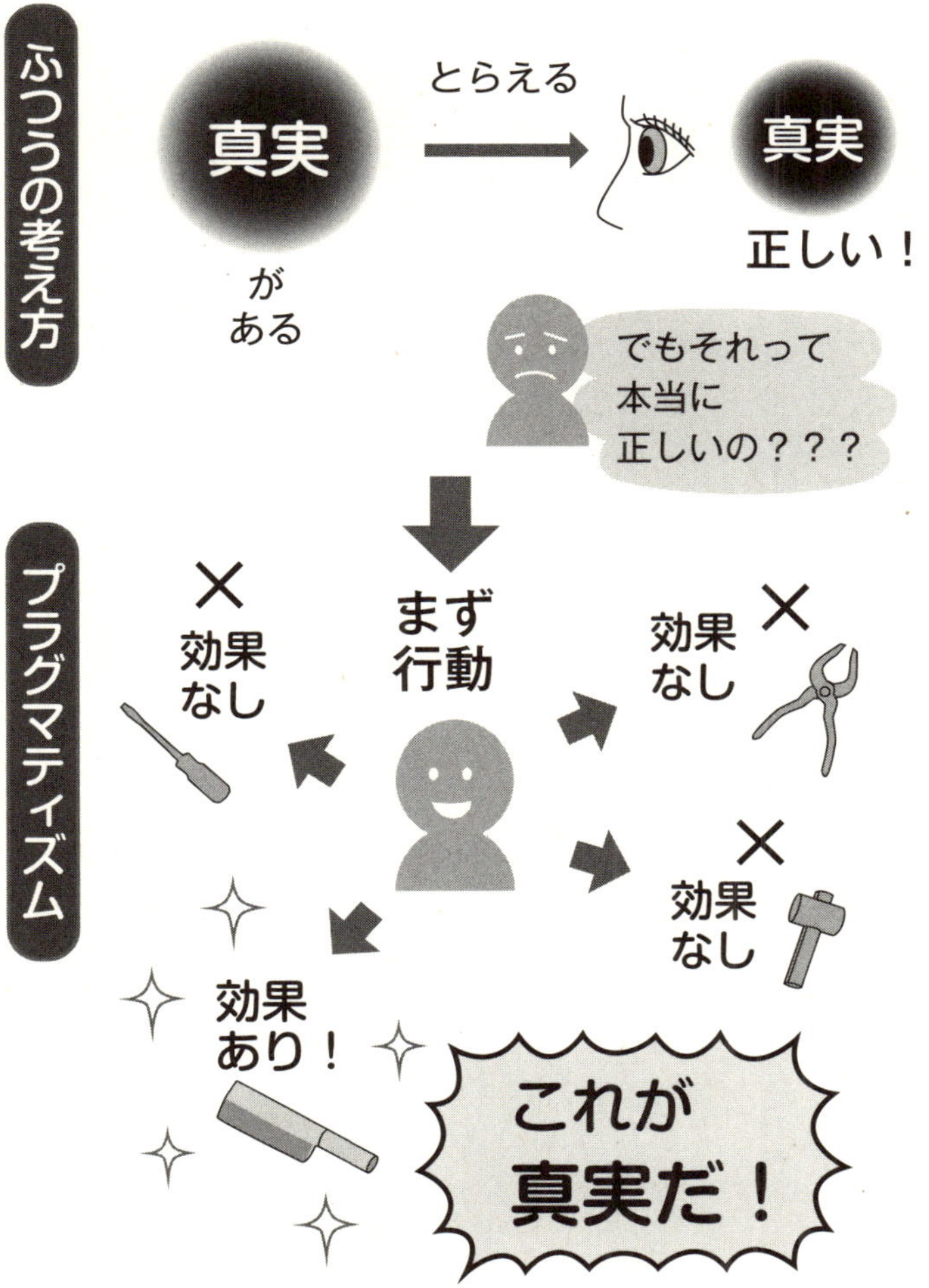

いると、社会的に信用がなくなり、結果的に自分が困る。営業成績にも影響し、結果的に収入が減る」などの事実を説明されると素直に聞けるだろう。

何に対しても、「先に正しいことがある」という固定的な考え方を打破して、「経験的・結果的にどうなるのか？」から判断すると、「なぜそれが正しいのか？」を本質から説明する必要がなくなるので、判断材料のややこしさが低減するのである。

このような経験と結果から物事を考えるという方法は、プラグマティズムと呼ばれている（120ページ参照）。アメリカの哲学者デューイは道具主義を唱えている。デューイは、人間の思考というものは、人間が問題状況を把握し、それを解決するための探求のプロセスにおいて使う道具であると説いた。探求によって到達した説が、将来の道具となるとともに訂正されることもある。場合によっては、経験的な結果に照らして、善悪判断を変更することも可能なのだ。

この方法を使えば、自由な思考ができるようになる。というのは、「それはそうと決まっている！」と言えば頑固オヤジみたいになってしまうが、「違う考え方もあるね」と臨機応変に判断すれば、頭の柔らかい人という印象を受けるだろう。

意見を変えずに押し通すのもたまには必要だが、複雑な現代社会では、「考え方」をぺ

ンチやドライバーのように、使えるのか使えないのかを基準に選別するとよいのだ。

この判断を用いると、いままで常識であると考えられていた判断も変更することができる。つまり、自由な思考をしやすくなるということだ。

先に「○○は正しい」と判断するのではなく、結果から考えて「○○は実際的に効果がある」と判断をする。そうすれば、思い込みからくる判断をせずにすむし、なにしろ悩まなくてよい。「それ自体が本質的に良いのか？　悪いのか？」と考えると、道徳的な良心の問題がからんでくる。しかし、「結果的にどれくらいの効果を生むのか？」と考えれば、本質的なことなどどうでもよくなって、悩みが消えるのである。

また、**自分にあった思考法をチョイスしつつ、うまくいけばそれを使い続ければいいし、トラブルがあるならそれも変えればよい**。哲学を自在に道具として使いこなせばよいのだ。

自分を変える思考のコツ

「こうでなければならない」「こうしなければならない」と強い思い込みが生じて思考が堂々巡りしてしまったら、結果的にどうなるかを書き出してみよう。結果的に効果があるなら、その判断は正しいということになる。効果がないのならいさぎよく道具を変えよう。

思考の道具02

「ひとり問答法」で思考の高みを目指す

ソクラテス

■「人それぞれ」がいきすぎると…?

「人の価値観は、人それぞれ」という考えを支持する人は多い。間違ってはいないだろう。この考え方は、古代ギリシア時代に教師として活躍したソフィストらの論法に起源を求めることができる。ソフィストは、政治、法律、哲学、弁論術など人生全般にわたる知識を教授した職業的教師のこと。彼らは、裁判などに勝つために詭弁《きべん》を弄《ろう》する場合もあった。

ソフィストの一人プロタゴラスは「万物の尺度は人間である」と説いた。これを相対主義という。「それぞれの価値観はそれぞれ正しい」という柔軟な考えである。

けれども、**相対主義は一歩間違うと「あんたはあんた、わたしはわたし」というお互いの接点がなくなった個々バラバラの人間集団を生み出すおそれがある。**

●ソクラテスの問答法とは？

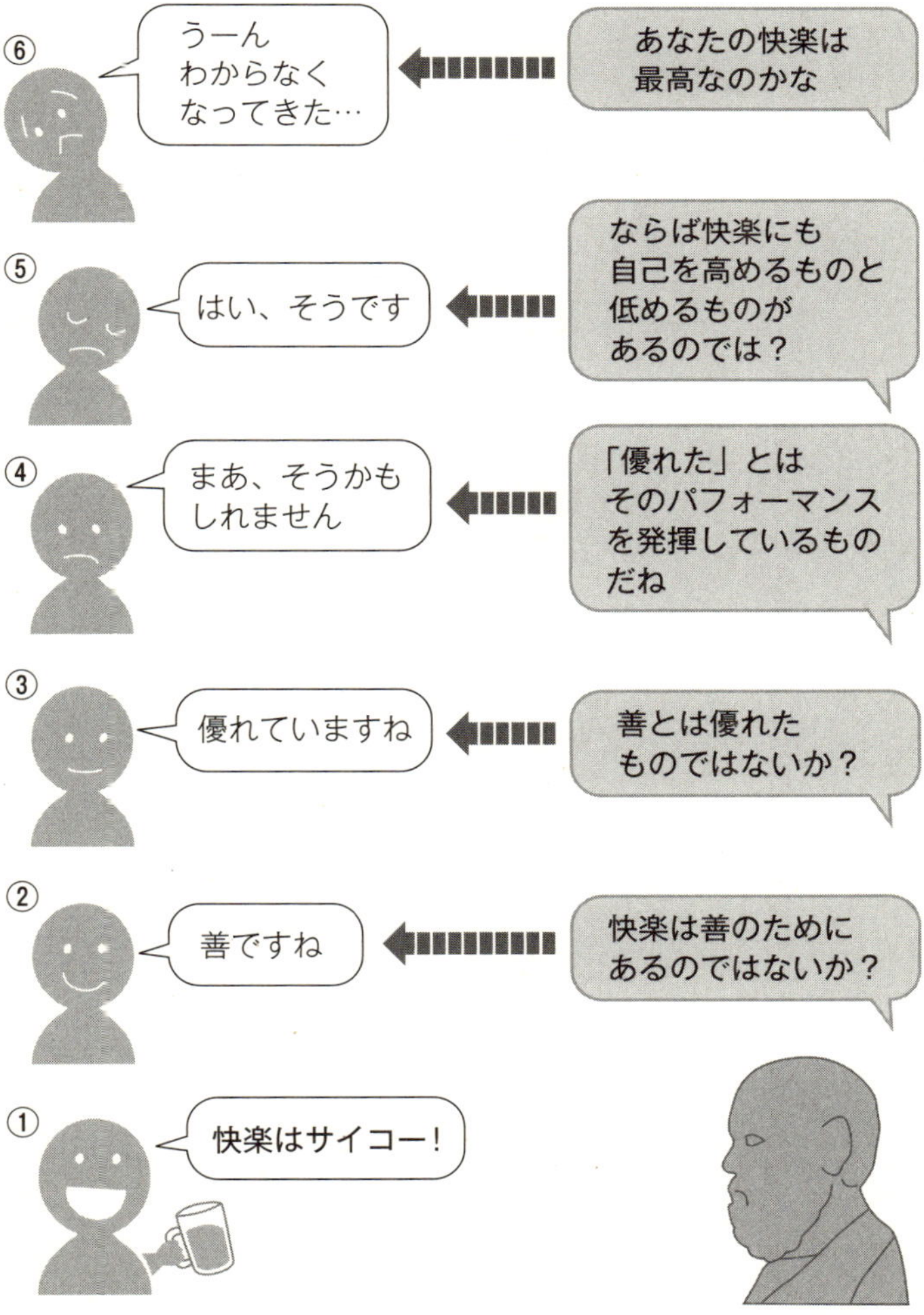
①
快楽はサイコー！
②
快楽は善のために
あるのではないか？
善ですね
③
善とは優れた
ものではないか？
優れていますね
④
「優れた」とは
そのパフォーマンス
を発揮しているもの
だね
まあ、そうかも
しれません
⑤
ならば快楽にも
自己を高めるものと
低めるものが
あるのでは？
はい、そうです
⑥
あなたの快楽は
最高なのかな
うーん
わからなく
なってきた…

相対主義の考え方がエスカレートすると「誰にも迷惑をかけていないのだからなにをしようと自分の勝手だ」という発想にいきつく場合がある。

しかし、他人の迷惑にならなければ何をするのも勝手なのだろうか。行為それ自体に、真か偽かの区別をつけることができるのではないだろうか。そう疑問を発する人もいる。

相対主義は「誰にとっても正しいこと」、すなわち客観的・普遍的真理など存在しないと主張する思想である。これは「正しさ」というものを曖昧にして、社会のモラルを崩していく要因として働くかもしれないのだ。

■質問をすることを習慣にする

一方、古代ギリシアの大哲人ソクラテスはソフィストが客観的真理を否定するものとして批判的にとらえた。「あんたはあんた、わたしはわたし」という考え方は確かにあるだろうけれども、お互いにロゴス（論理・言語）を駆使しつつ、対話をして共通項を発見していけば、最終的に同じ一つの結論（客観的真理・普遍的真理）へと到達することができるかもしれない。この考え方は、現代ではコミュニケーションの理論として引き継がれている。

「人それぞれ」という主張をしても「ただしいことはコレしかない」という主張をしても、

どちらもトラブルの種になる可能性がある。うまく使い分けていくことが大切だろう。

ソクラテスは、善や正義や美などについて、それが「なんであるか」について問い続けた。人間は誰しも真理について知っているのだが、まだそれに気づいていない。そこで、ソクラテスは、問答（対話）することによって、日常的な思い込み（ドクサ）から真の知識を生み出す手助けをした。この方法は問答法、産婆術などと呼ばれている。

これを現代の私たちが話し合いをするときに使えるだろう。まず**「質問をする」という態度を習慣にする。**「それは何なのか？」という本質を相手に聞くのである。すると、相手は本質について説明してくれる。そうすれば、さらに新たな議論の側面が見えてくるので、また質問する。こうすれば、お互いの間に、真実が生まれてくるはずだ。

また、自分の頭の中でひとり問答をするのも効果がある。ディベート的に様々に立場を変えて問答するのだ。

自分を変える思考のコツ

自分のことを語るより話を聞こう。そして質問をしよう。「それは何なのか？」と。すると対話の中から真実があふれてくるだろう。

思考の道具03

徹底的に疑うことで、「正しいこと」が見えてくる

デカルト

■考えていることだけが私の本質

すべてを疑うこと。これが哲学の出発点である。特に哲学の場合、**極端に疑ってみることによって、絶対確実なものを浮き彫りにさせる**という方法をとる。

これを「方法的懐疑」という。これはいたずらに疑うだけではなく、確実な原理に到達するための手段・方法としての懐疑である。まず、感覚は疑わなければならない。錯覚が起こるからだ。また、目の前の机が存在することさえ疑わなければならない。夢かもしれないからである。

さらに、２＋３＝５などの数学的真理も疑ってみよう。悪魔のようなものが絶えず誤るように誘導しているのかもしれない。

しかし、ここまでバカバカしいほどの疑いを徹底してみても、ただ一つ疑いえないことがある。それは疑う私自身の存在である。天も地も色も形も、自分の手も目も、悪霊が私の信じやすい心に罠をかけた幻影にほかならないとしても、このように疑っている私は存在する。

「私は疑っているのだろうか？」と疑った瞬間、それは明らかとなり（疑っているから）、疑っている私の存在がわかるからだ。それゆえ**「我思う、ゆえに我あり」は、もっとも確実な第一の原理として受け取ることができる。**

デカルトは、「我思う、ゆえに我あり」というこの確実な真理を、哲学の第一原理とし、これを土台として自然学、政治学、医学などの諸々の学を基礎づけようとしたのだ。

ところで、疑わしいものをすべて疑っても、思惟する私の存在だけは疑うことができなかった。

それゆえ、自我は精神なる実体であり、それは本質的に「思惟するもの」である。デカルトは、物体と精神を実体として、物体の属性は延長、精神の属性は思惟としたのである。

これによって精神と物質が明確に区別されたのだ（物心二元論）。物質の世界に心霊的な存在をもちこまなくても説明がつくので、科学的な世界観が確立されたわけである。

もし、写真に霊が写っていたとしたら、それは物質だから霊ではないわけである（物理的な何かの現象なのだ）。超能力でスプーンが曲がったとしたら、きっと物理的なネタがあるのである。

こうすれば、精神的なことと物理的なことの線引きができて頭がすっきりするわけだ。デカルトの創始した解析幾何学とともに、この物心二元論は、近代以降の科学の特徴である自然の数量化に貢献したのである。

■思考する際に、すぐに役立つ四つの規則

思惟する自己の存在が、「我思う、ゆえに我あり」という形で直接的に知られうるのは、それが絶対に疑えない明晰かつ判明な真理であるからだ。

明晰とは「ありありとしている」ということで、判明とはそのありありとしている物以外は何も含んでいないことである。したがって、私たちが明晰かつ判明に判断することは、すべて確実であり真理だと判断してよいのである。

そこで、理性的判断を効果的に使うための四つの準則を次に示しておこう。

第一の準則は、いかなるものをも、それが真であると明晰かつ判明に自分が認識しない

●デカルトの方法的懐疑とは？

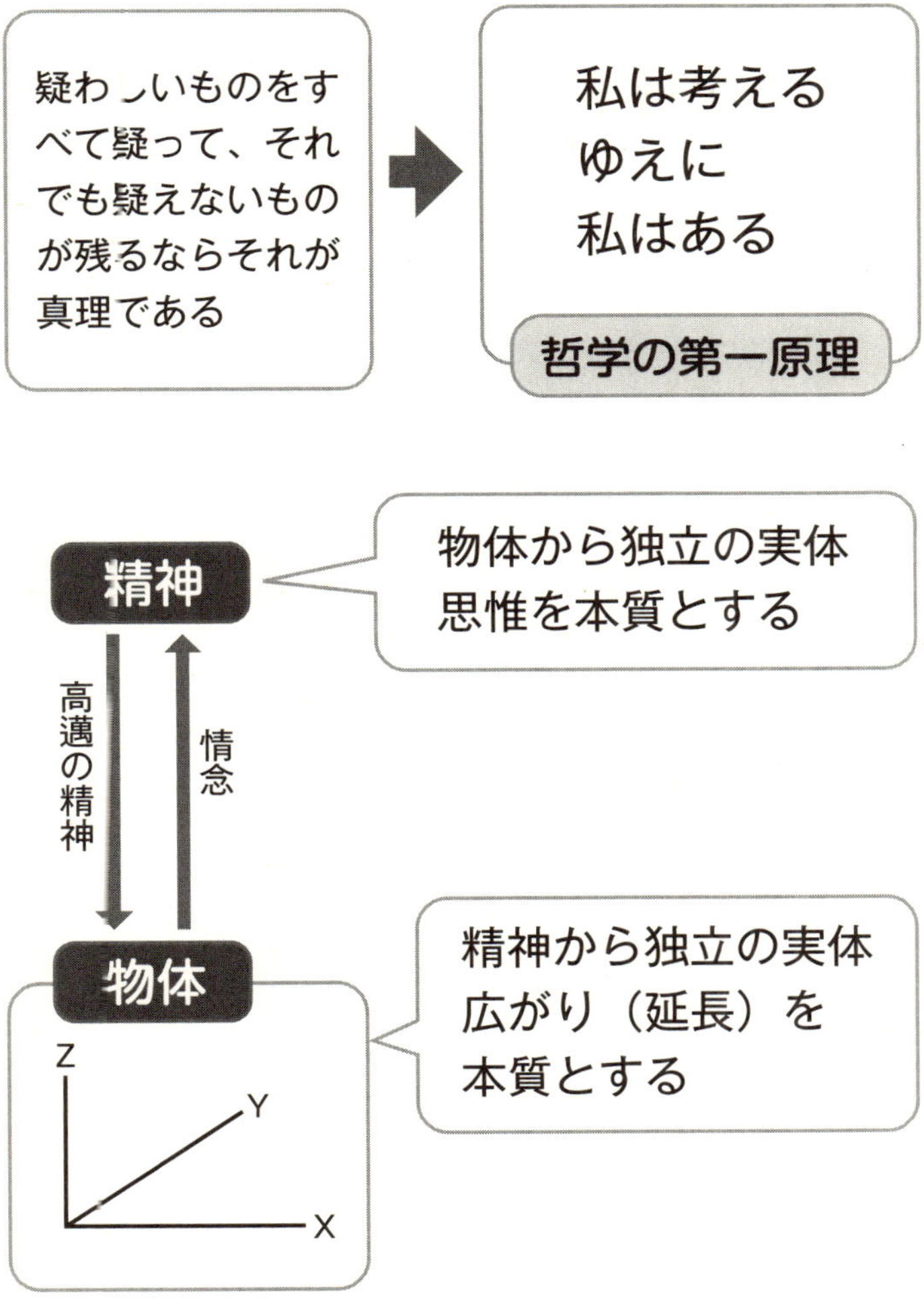
疑わしいものをすべて疑って、それでも疑えないものが残るならそれが真理である
私は考える
ゆえに
私はある
哲学の第一原理
精神
物体から独立の実体
思惟を本質とする
高邁の精神
情念
物体
精神から独立の実体
広がり（延長）を
本質とする
Z
Y
X

限り、けっして真として受け入れないことである。速断と先入見とを入念に避けるのだ。

第二の準則は、自分が吟味しようとしている問題のそれぞれを、都合よく解けるようにできるかぎり多くの部分に細分化すること。

第三の準則は、自分の思考を順序にしたがって、最も単純で、最も認識しやすい対象から始めて、少しずつ、複雑な対象の認識にまで進むこと。前後の順序のない対象の間に理性的に順序を想定するようにして導くこと。

第四の準則は、見落したものは何もないと自分が確信をもてるまでくまなく枚挙し、全般にわたる点検をおこなうこと。

（『方法序説』より）

この四段階を踏むことによって、論理的で正しい思考を行うことができるのだ。

自分を変える思考のコツ

まず、自分があたりまえと信じていることを徹底的に疑ってみよう。それでも疑うことができないことがわかれば、それは間違いない。論理的な思考を身につけよう。

思考の道具04

チャンスは矛盾の中に隠れている

ヘーゲル

■知識を高める「公式」とは?

人間はどうやって対象についての知識を高めていくのだろうか。実は知識を高めていく「公式」があるのだ。この「公式」さえ知れば、今日から世界のあらゆる出来事を当てはめて、スッキリ理解できるようになる。この「公式」は「弁証法」と呼ばれる。ドイツの哲学者ヘーゲルが考え出した世の中のルールである。

身近な例で考えてみよう。まず、何かの丸い形が意識されたとする。それはまだその物の全体ではないのかもしれない。

ところが、今度は角度を変えて、横から見てみると、今度は長方形であることが確認できたとする。ここで、先ほどの「丸」と「長方形」という形の矛盾が発生した。しかし、「丸」

「長方形」という矛盾は新しい知識を導く。すなわち円筒形である。これは単純な例だが、あらゆる思考がこれと同じパターンをとっているのだ。

以上を公式化するとこうなる。

①ある対象を〔A〕と規定し、その規定を固定化し、固執する段階（即自）

②第一の段階で考えられた規定〔A〕に対して矛盾する規定〔非A〕が生じてきて、ある対象を単に〔A〕と規定することは一面的であるということが明確になる段階（対自）

③対立する二つの規定の総合によって、対象の完全な規定が達成される段階。これによって生じた認識が具体的な真の認識である（即自かつ対自）。

この三段階の法則こそが、宇宙を貫く認識の弁証法なのだ。すべての認識がこのような対立矛盾を経過しつつ、真の知識（絶対知）へと向かっていくのである。

認識とは対象をあるがままに受け取ることではなく、矛盾を乗り越える能動的な活動だったのだ。

逆に、**さほど問題に突き当たらないような意識活動を行っているときは、新たな知識の拡大はなされていない**と言えるだろう。

●ヘーゲルの弁証法とは？

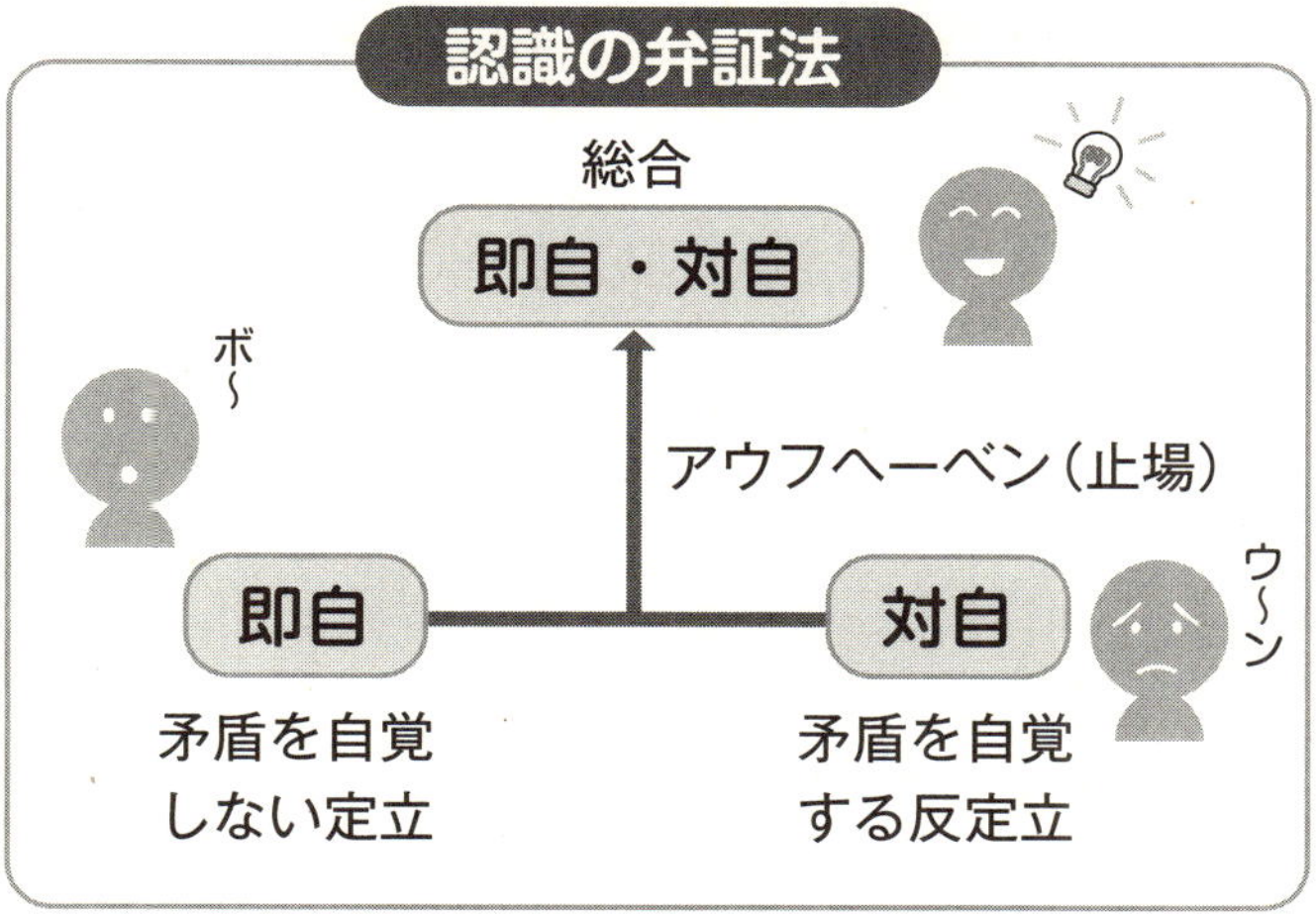
認識の弁証法
総合
即自・対自
アウフヘーベン（止場）
ボ〜
即自
矛盾を自覚
しない定立
対自
矛盾を自覚
する反定立
ウ〜ン

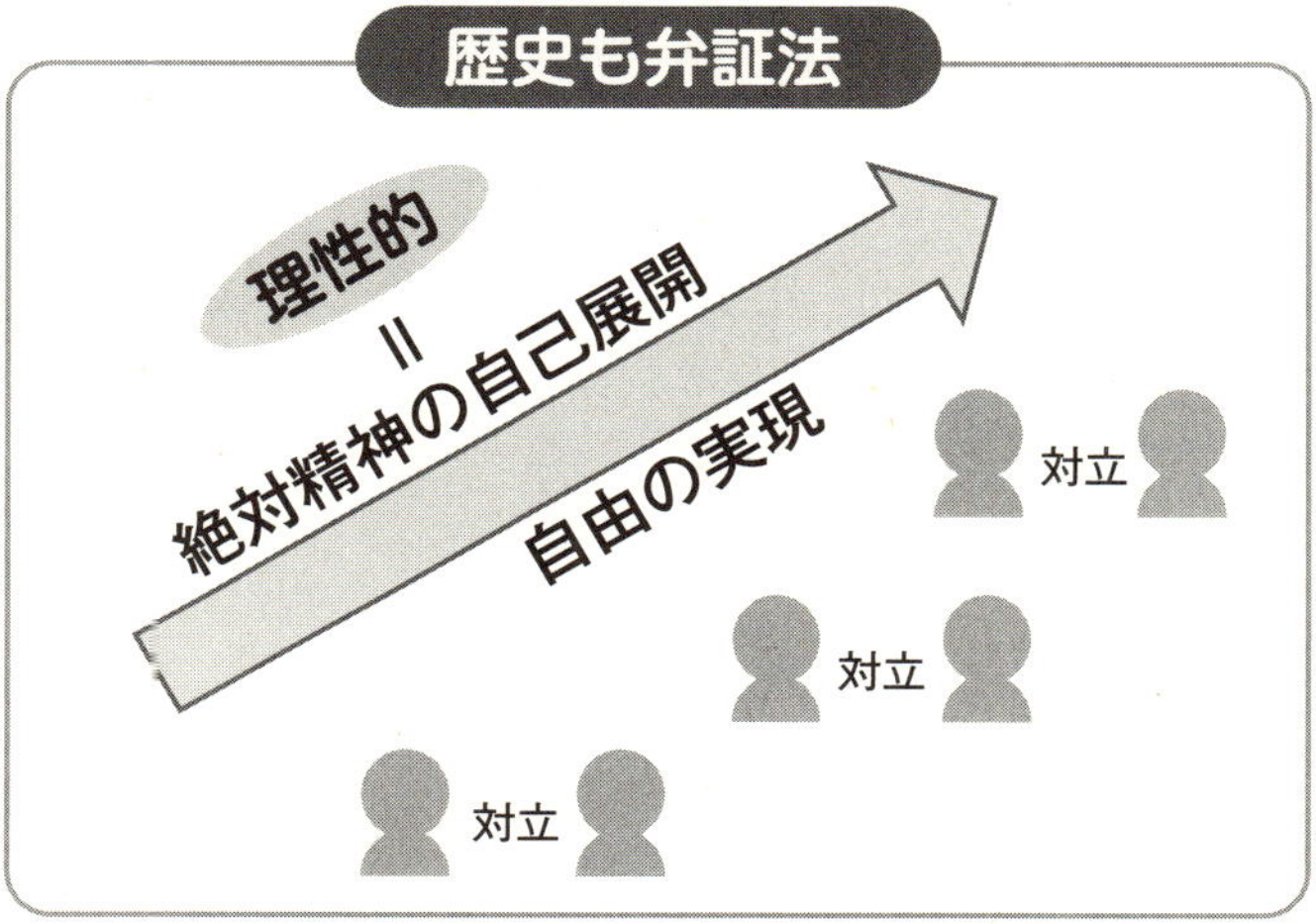
歴史も弁証法
理性的
＝
絶対精神の自己展開
自由の実現
対立
対立
対立

■知識は鍛えられてパワーアップする！

今度は、弁証法を討論の場合で考えてみよう。まず、討論において、意見A（テーゼ）に対して、反対意見B（アンチテーゼ）が提出され、両者をたたかわせることによって、討論の結論C（ジンテーゼ）が導き出される。

ここには、「即自」「対自」「即自かつ対自」の進展がみられることがよくわかる。それは未発達で単純だったもの（即自）が、統一を失って分裂に陥り（対自）、そこからさらに高次元の段階でもとの統一を回復する（即自かつ対自）というプロセスがみえる。これをアウフヘーベン（止揚）という。

人間の意識の発達もこれと同じ過程をたどる。

まず、「即自的な人間」からはじまる。これは何も知らない赤ん坊のことである。この赤ん坊がさまざまな体験を重ねて、だんだんと成長していき、「対自的な人間」となっていく。

つまり、自己と向き合うようになった（自己意識をもつようになった）子供や青年である。自分とは何かを考え始め、分裂し苦悩する段階である。

この「対自的な人間」段階は、自己の可能性を実現していき、さまざまなものと関係を結びながら自らを高めていく。

そして、いよいよ「即自かつ対自」の段階に達した大人は、理性的に思考できるようになる。**人間は素朴な状態から自己を否定して混乱に至り、高次の段階で自己をとりもどす**。

要するに、人生全体が勉強なのである。だから、楽して勉強できないのは当然だったのだ。そこに**激しい矛盾が生じて鍛え上げられた末に知識が発展する**のだから。勉強していて苦しくなったら「これは弁証法的に高まっているのだ」と考えればやる気が出てくるだろう。

自分を変える思考のコツ

日常の出来事を「即自→対自→即自かつ対自」の三段階で分類してみる。すると出来事がすべて新たな知識を提供してくれている現象であると理解できる。矛盾の中にこそチャンスがかくれている。

思考の道具05

功利主義

意思決定に使える「快楽計算」とは？

■動機ではなく結果を評価

イギリスの哲学者・経済学者のベンサムは、功利主義を説いた。ベンサムによると、自然は人類を、「苦（pain）」と「快（pleasure）」という二人の君主の支配下に置いたという。人間がなにをなすべきかを指示し、また人間がなにをなすかを決定するのは、この二人の君主だけである。

それだけではない。善悪の基準も、この主権者の王座にまかされているのだ。苦と快は、人間の行為や言動や思考のすべてを支配していて、人間はこの支配から脱することはできない。苦をもたらす行為は悪であり、快を増す行為は善である（功利の原理）。

功利主義によれば、利害関係者の幸福を増進するか減少させるかによって、いっさいの行動の是非を決定する必要が出てくる。ベンサムによれば、道徳や宗教による禁欲主義は間違っている。禁欲を貫徹するのは不可能であるし、禁欲そのものが善であるわけでもないというのだ。普通、哲学というものは説教臭いと考えられているが、なんとベンサムは、「禁欲はばかばかしい、気持ちいいことをしろ」と説いているのである。

ちなみに、ベンサムによると、同性愛もまったく問題がないのだ。功利主義という考え方を知ることによって、哲学に対する「ど真面目《まじめ》」的な印象を払拭できるだろう。

なぜ、説教臭い哲学と功利主義の哲学はこうも方向性が異なるのだろうか。

それは、**功利主義では、行為の善悪が、行為そのものの状態によって決まるのではなく、行為から生じる結果がどれだけ多くの快を含んでいるかによって決まる**と考えるからだ。

ベンサムは、これを公式のようにまとめた。できるだけ大きな快＝「幸福」をもたらす行為が善である。これを「功利の原理」という。

「苦しみを乗り越えたから善だ（がんばったから善だ）」とか、「それ自体が立派な行動だから善だ」とかまったく関係ない。結果的に幸福度が高まれば善だ。

ということは、社会の中で、**「私はこんなにがんばりました」という動機は評価されない。「私はこんな結果を出しました」というのが評価される。**

この思想は後にアメリカに伝わり、プラグマティズム（14ページ参照）に影響を与えた。アメリカ人が動機よりも結果にこだわる理由もここにあるのだろう。

■決断をするときに使える快楽計算

さらに、ベンサムは、ある行為の結果が、どれだけの量の快または苦を生むかを知り、その大小を比較することにした。その方法が「快楽計算」である。

快楽計算は以下の7つの快楽基準をもとに計算する。

①その快がどれほど強いか（強度）、
②その快がどれほど持続するか（持続性）、
③その快がどれほどの確実さをもって生じるか（確実性）、
④その快がどれほど速やかに得られるか（遠近性）、
⑤その快が他の快をどれほど生む可能性があるか（多産性）、
⑥その快が苦痛の混入からどれほど免れているか（純粋性）、
⑦その快はどれほど多くの人に行き渡るか（範囲）。

●ベンサムが説いた功利の原理とは？

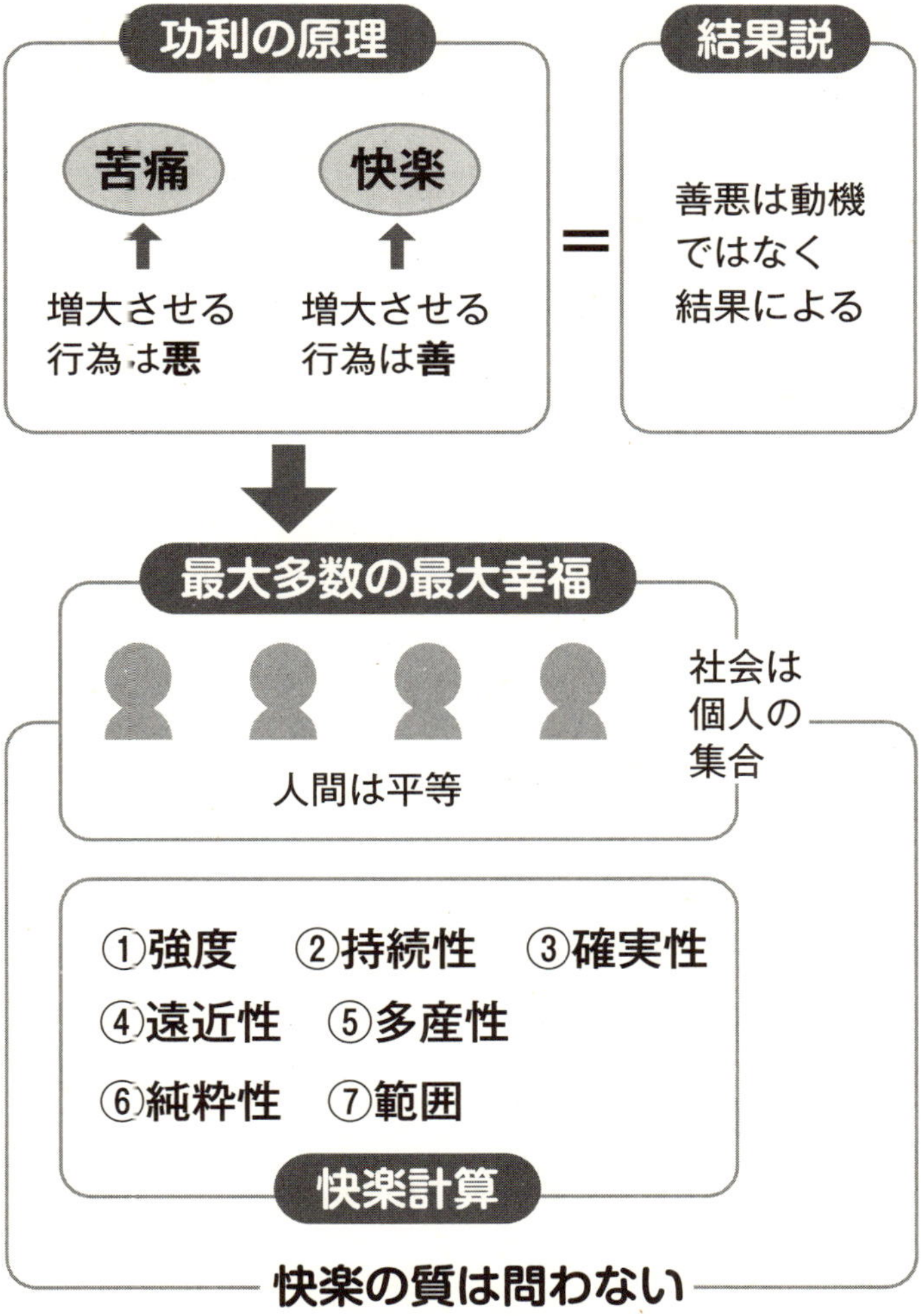

これら7つのパラメータによって、快と苦の総量が決定されるのである。

これで、善悪の基準がスッキリわかる。

たとえば、「苦しみに耐え抜くのが美徳であり、快楽を素直に求めるのは悪徳である」とする価値観だと、何が善で悪なのかがモヤモヤしてしまう。

その点、「功利主義では快をもたらす行為は善で、苦をもたらす行為は悪」とはっきりわかり、かつ量的に計算できるのだ。

功利主義では、快・快楽は「幸福」という語に置き換えられるわけだが、さらにこの原理は個々人の行動のみならず、社会におけるすべての政策についても適用できる。

社会全体の幸福は、功利の原理を立法・行政の原理にまで拡大することによって実現する。よって社会は多くの個人によって構成されており、個々人の幸福の総和が最大になるときに社会全体の幸福が達成されるのだ。

これをベンサムは、「最大多数の最大幸福」と表現した。

私たちは、善悪の基準をそれそのものの本質で決めようとしがちである。たとえば、「酒を飲むこと」を善であるとは言いがたい。どこかしら、酒を飲まない人は真面目で、呑む人は不真面目だという感覚をもっている。
だが、快楽計算では、**酒を飲むことで酒屋が儲かり、人々が幸せになるのなら、「酒を飲むこと」が「善」なのである。**なにかを判断する際に、風習や思い込みなどの非科学的な方法によるのではなく、七つのパラメータで計算すれば、科学的に判断ができるのである。

自分を変える思考のコツ
迷うことがあったら、それがどれほど自分にとって快をもたらし、さらに多くの人のためになるかどうかを差引計算してみよう。そうすれば、すっきりと判断できるようになる。

思考の道具06

人生での「戦い方」に迷わない。悩まない

孫子

■先に勝ってから戦う

私たちの生活は、戦いの連続である。「戦い」という言葉に語弊があるのなら、「トラブルとその解決」と言い換えてもよい。問題に対処するための作戦について説いている『孫子』は、中国の春秋時代の兵法書であるが、現代のビジネスが戦争のようなものであると考えれば、『孫子』は現代人の有効なツールとなることだろう。

まず、孫子は、戦争はすでに戦う前に勝敗の条件が決まっていると考える。

勝つ場合は勝つ理由が、負ける場合は負ける理由がある。『孫子』の「軍形篇」には「まず勝って、後に戦う」とある。先に必勝の条件を作り出してから敵とたたかうのが戦上手であるという。だから、自分の方から戦いを仕掛けてしまい、その後から偶然の勝利を願

うのは戦下手だということだ。

また、**百戦百勝はよくない**らしい。

戦わずに敵を屈服させるのが最善の道である。

（『孫子』謀攻篇）

戦争では、全軍を無傷のまま保つのが得策であり、自軍に損失を与えるのは得策とはいえないという。だから、百戦百勝は最上ではないわけだ。**理想は、戦わずして相手を屈服させること**だとされる。

これは、私たちの人間関係だけではなく、ビジネスにおいても応用がきくだろう。たとえば、商品を売り込むには、余裕をもつということにつながる。押し売りのセールスでは相手が引いてしまう。売り込む（戦う）という態度を見せずに、自信と威厳をもつことが大切なのだろう。孫子によれば、状況が悪ければ一度引くことになっている。引き際も大切である。

「戦わずして勝つ」という言葉を思い浮かべて行動すれば、仕事や勉強などにも大きな気持ちで対処できるのではないだろうか。

■リーダーは大きな心をもつ

君主の意向に従う将軍を登用すれば戦に必ず勝てるが、君主の意向に従わない将軍を登用すれば戦に必ず負ける。

（『孫子』始計篇）

これは、君主と将軍の関係を表している。要は**上司の言うことを素直に聞けないようなリーダーが戦っても勝つことはできない**ということだ。

兵士は赤子や子供のようであり、戦でいっしょに死ぬくらいの気持ちでかわいがること。

（『孫子』地形篇）

敵は外にいるのに、ウチワで争って足を引っ張り合っているようでは、勝ち負け以前の問題である。組織の内部から崩れていくようではおしまいだ。

また、部下の失敗に対するリーダーの態度としては、以下のように説かれている。

戦上手は、戦いの大勢の中で勝利のきっかけをつかみ、個々の兵士の失敗を追及しない。そこで、適材適所の人選を行って、戦いに有利な態勢を作る。

（『孫子』兵勢篇）

つまり、**組織全体の構造的な動きを重視し、個々人の失敗という小さな場面にとらわれない**のだ。兵一人ひとりより、軍勢全体の動きを常にとらえるような大きな心をもつべきなのだろう。

■引き延ばしても勝ちはない

私たちは、先延ばしの名人である。めんどうなことや嫌なことは、今度やろうとか、明日に回しておこうとする。勉強・仕事面における一番の悪癖だが、これがなかなか直らないものだ。

いやなことは、後回しにしてしまうという私たちの性癖により、だらだらと作業してしまうのだから、生産性はダウンする。何事もゆっくり進めた方が、負担が軽いように感じる。

しかし、『孫子』によれば、戦争においてこれは長期戦にもちこまれていることになる。

戦いはすばやく一気に決するべきで、引き延ばすと勝ち目はない。

（『孫子』作戦篇）

これは、誰もが経験することかもしれないが、急いで素早く完成させた作品なり企画なりの方がうまくいき、こだわりつつ寝かせてあった自信作が失敗するということがある。**「長い時間をかけて作る」＝善いもの、「短い時間で作る」＝悪いもの、という図式を考え直す**必要があるかもしれない。特に、現代のように時間がない我々は、短期決戦が有利かもしれない。

戦争では長引けば長引くほど、戦費や兵の気力が消耗しチャンスが失われていく。今できることは今すぐやるというのが、『孫子』的な生き方である。

■単調な動きをしてはいけない

総じて戦いは正攻法で戦う。そして、戦況の変化に応じた奇策によって勝利をおさめる。

●孫子をつらぬく思想とは？

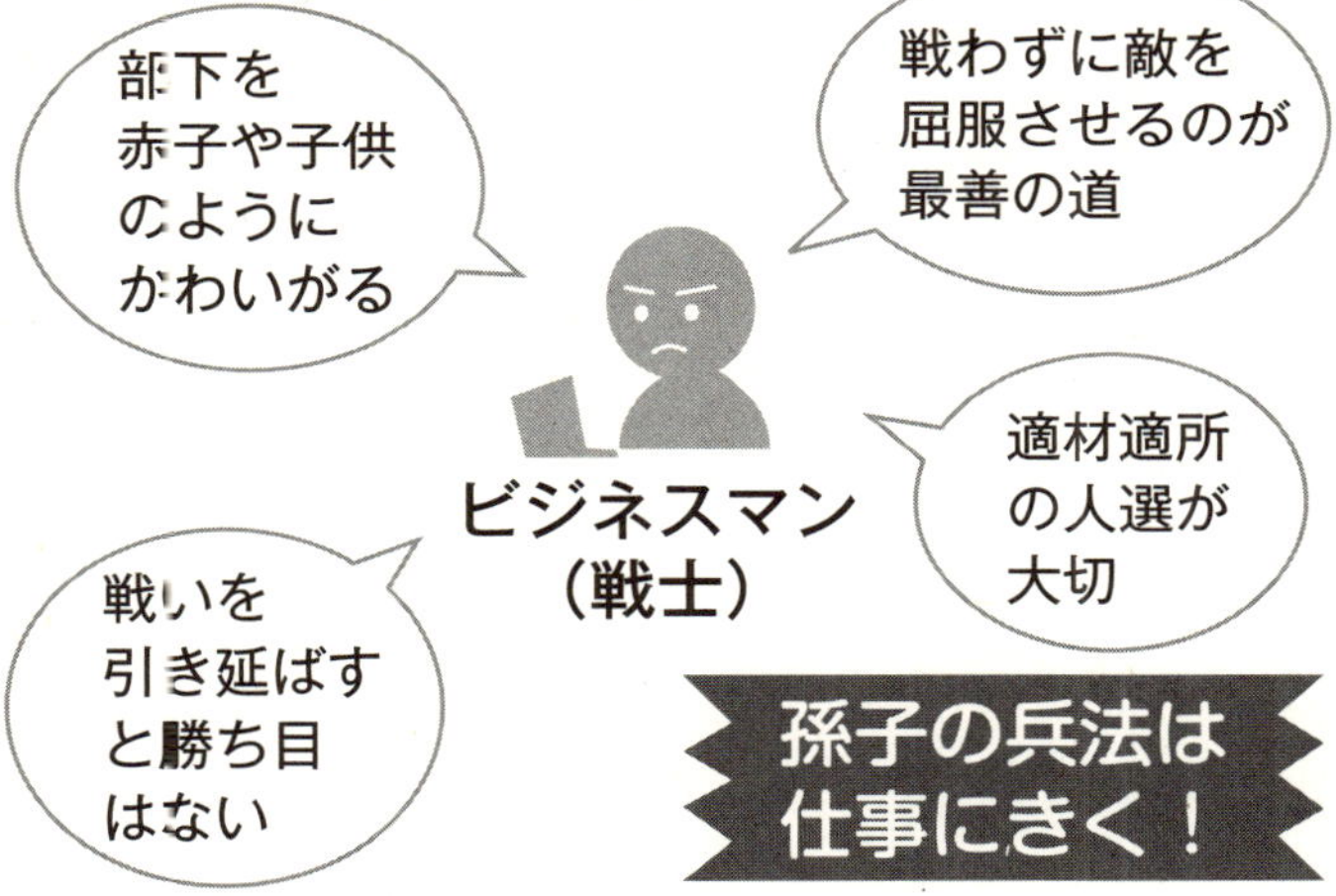
部下を赤子や子供のようにかわいがる
戦わずに敵を屈服させるのが最善の道
ビジネスマン（戦士）
適材適所の人選が大切
戦いを引き延ばすと勝ち目はない
孫子の兵法は仕事にきく！

正攻法ばかりで攻めないで、たまには普段やったこともない奇策を実行に移してみる。

（『孫子』兵勢篇）

もちろん、奇策といっても非常識な突拍子もないことをやれという意味ではない。私たちが、日常化・平均化・没個性化している状況に、あらたな視点でアプローチすることだと解釈すればよいだろう。

孫子によると、奇策を身につけた将軍の戦いぶりは天地の変化のごとく、また、江河《こうが》の奔流《ほんりゅう》のように尽きることがないという。

たとえば、色の基本は五つ（青・赤・黄・白・黒）にすぎないが、これを組み合わせれば無限に変化する。味の基本も五つだが、これも組み合わせは自由だ。

戦いの基本は正攻法と奇策の二種にすぎないが、これらのメリハリをつける。

有名な武田信玄の「風林火山」は、孫子の兵法によるものだ。武田氏の戦法は、「動かざること山の如し」で知られている。


行動する時は疾風のように駆け抜け、制止するときは林のように静まりかえる。攻撃するときは野原に放った火のごとく襲いかかり、隠れるときは黒雲が天をさえぎるように跡をくらます。防御するときは山のごとく微動だにせず、現れる時は、雷鳴のように襲いかかるのである。

(『孫子』軍争篇)


私たちはぐっと我慢しなければいけないところを、油断して安易な行動をしてしまう。気分が高まってきたりすると、秘密にしておかなければならない事項をペラペラと話してしまったり、言わなくてもいいよけいなひと言で相手の気分を害したりという失態を演じてしまうかもしれない。

やるべき事を風のように行い、無駄を省いて山のように動かない。そんな精神力を身につけたいものである。

将軍が犯しやすい五つの危険がある。無鉄砲なだけではむざむざ殺されてしまうし、おどおどしていれば捕虜にされてしまう。焦って腹をたててばかりいると、敵にバカにされるし、プライドが高いと、相手の中傷に耐えられない。人がよすぎると敵につけこまれる。

（『孫子』九変篇）

『孫子』の兵法は、現代のビジネスマンに役に立つ知恵の宝庫である。改めて、**私達の人生そのものが、問題と解決というまさに有事のような状態が常に続いている**ことを思い知らされる。

自分を変える思考のコツ

日々、戦いだと思って物事に臨もう。適度な緊張感が維持できるし、人生がゲーム化して楽しくなるに違いない。

Step 2

立ちどまって考える

——生き方編

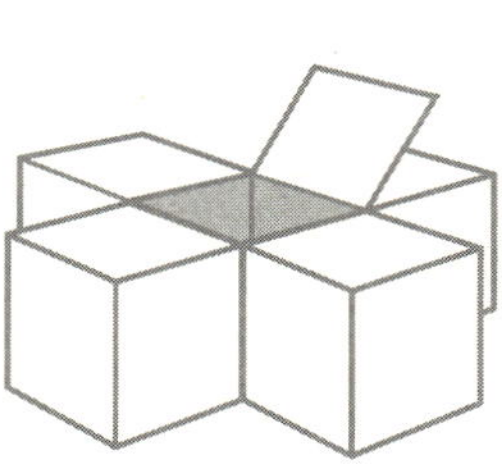

思考の道具07

苦悩の人生と向き合うことで、生きる力を育む

ショーペンハウアー

■人間には自殺する権利がある？

自殺という行為は当然に悪であるというニュアンスが漂っている。

しかし、自殺が否認されるべきゆえんは実に説得力に欠ける。たとえば、「自殺は一つの犯罪である」とか「自殺は卑怯だ」などである。あるいは、「自殺は人生からの逃げだ」、「家族や他人の迷惑になる」、「生命は尊いものだ」などなどである。

これらは生きている人間の側からの主張であって、自殺するものにとっては価値をもたないのだから始末が悪い。そんな説得をされて自殺を思いとどまるくらいなら、その人は最初から自殺する気などなかったのである。

ところで、古代においては多くの英雄と賢者らが自らの命を絶ってきた。プリニウス（ロ

ーマの文人）は言っている。

「……神は、たとい彼がそれを欲したとしても、自殺することはできないのだ。ところが神は人間に対しては、かくも多くの苦難に充ちた人生における最上の賜物として、自殺の能力を賦与してくれた」

ストア学派では自殺が一種の高貴な英雄的行為として賞賛されている。

このように自然に従って生きることが善い生き方であり、情念に支配されないアパテイア（不動心）を理想とした。

時代によって自殺の価値観も大きく変わるのだから、これといった自殺防止法を見つけ出すのは難しい。どうやって、自殺を試みる者にそれが無意味であることを悟らせたらよいのだろうか。

■生きたいから死にたいと思ってしまう

ドイツの哲学者ショーペンハウアーによると、「そもそも人生は労苦して果たされる課役」であるという。人生は苦しみに満ちた奴隷労働のような世界なのである。また、「死者は課役をはたした人」であるという。死んだ人は、その奴隷労働から解放された人なのである。

というのも、「盲目的な生きんとする意志」を本質とするこの世界は、まさしく地獄にほかならないからだ。ショーペンハウアーによると、飢えた意志は決して満たされることのない欲望の塊だから、休むことなく欠乏の苦痛にさいなまれている。

ショーペンハウアーは、もしも、生殖の行為が欲情にともなわれたものではなしに、純粋な理性的考慮によるものだとしたら、はたして人類は子孫を残そうとするだろうかと問うている。

むしろ誰もが来たるべき世代に対して深い動揺を感じて、なるべくなら彼らには人生の重荷を負わせたくはないと考えるに違いない。だから、人生は生きるに価せず、こんな人生は存在よりも非存在のほうがはるかに望ましいのは明らかなのだという。

だったら、自殺してしまえばよいと考えられるが、ショーペンハウアーは自殺をすすめない。彼は「自殺しても苦悩から逃れることができない」という。

自殺したいということは、それだけ生きたいという意志の現れである。自殺する力は生きようとする力の裏返しなのだ。

自殺は意志の否定であるどころか、むしろ意志の強烈な肯定である。自殺者は生を欲し

●ショーペンハウアーの思考法とは？

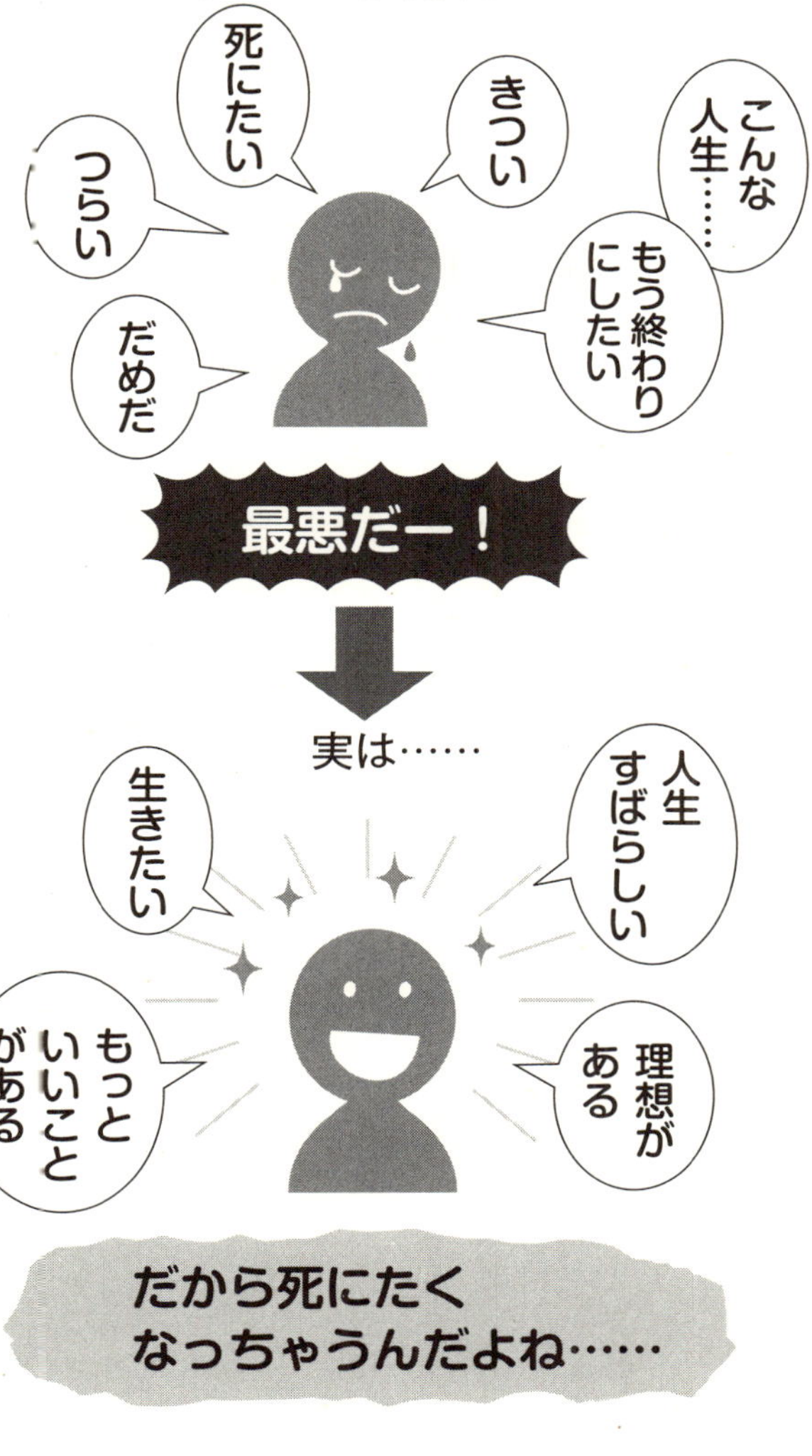

ているという。

「死にたい」と言う人に「だったら死ねばいい」と助言してもめったに死なない。それは「死にたい」＝「生きたい」ということだからである。

ショーペンハウアーは、自殺するということは、意志を根本から滅却することを目指すものであるから、自分の意志の力で「餓死」する以外はＮＧだという。

哲学的には、錯乱状態や発作的な行為は認められない。「生きたい」という欲求を根本から否定できる人以外は自殺してはいけないのである。

自分を変える思考のコツ

死にたくなったら、「死にたいのではなく、生きたいのだ」と再認識することによって、これからの行動を決定することができる。

思考の道具08

ヘーゲル

仕事に対するスタンスをほんの少し変えてみる

■「幸せ」についての誤解

よく仕事をしている人が「楽しみがあるからがんばることができる」という。それも正しいだろう。苦しみの中で、楽しいことを期待しつつがんばるのである。

だが、それは今を否定していることでもある。今の仕事は絶対的に楽しくないのである。だから仕事の後に楽しみを期待して、今の苦しみを乗り越えるわけである。

休みに恋人とディズニーランドに出かけたとしよう。長蛇の列でアトラクションを待つ。これは苦痛ではないらしい。だが、営業先で長時間待たされる。これは苦痛らしい。つまり、身体的には同じ消費カロリー、あるいははるかに体を酷使するような状態であっても、場合によってそれは仕事ともなり、場合によって奴隷労働のようになるのである。

会社でエクセルの表を完成させるのと、ディズニーシーで3時間待ち。どちらが苦痛だろうか。ほとんどの人が前者が苦しみで、後者は楽しみととらえる。不思議なことだ。なぜ、今のこの仕事の瞬間を楽しみと感じられないのだろうか。

苦しみはいつも「ここ」にあり、楽しみはいつも「あそこ」にある。いつになったら私たちは幸せになれるのか。

もし人生のほとんどをついやす労働が苦しみであるならば、人生そのものが苦しみであると言い切っていいだろう。なにしろ一般的には、1日、8時間以上の労働をすることになっている。これでは、人生のほとんどを自分の体を切り売りして生きていくことになる。それでいいのだろうか。

■労働は生産的、楽しみは破壊的

労働は人間生活において重要な意義を持つ。労働は人間がその目的に従って自然物に加工を加え、苦労してなにかをつくり出す活動である。

また、単に個々の物を作り出す活動だけが労働ではない。文化と社会を産み出す活動も労働と呼ばれる。

人間の活動は欲求の充足を求めることから始まる。欲求は自然対象を消費することによって充足される。たとえば、「腹が減っているから食べる」という行為は「欲求→充足」となるが、食べ物という対象を消費していることになる。消費とは、破壊していると考えればよい。家電などの消耗品についてもそれがあてはまる。衣類もそうだ。ようするに、私たちは欲求を満たすときに何かを破壊しているわけである。これは生産的ではないと言えるだろう。

しかしながら、欲求の充足は一時的であるにすぎない。ある欲求を充足しても、また、別の欲求が現われ、欲求の充足はきりがない。

欲求においては人間は自分と対象との一致を持続させることはできない。**やみくもに欲求を満たしてもゴールはない**のである。

これにたいして、労働は対象に新しい形態を与える。品物を作ること、運ぶこと、販売することなどなんでもよい。すべての労働は、新しい形を生み出しているのである。これは、形成的・積極的である。

この労働において人間は欲求の充足を中断・抑制し、生産物を産み出すのだ。たとえば、食べるのを我慢して、まず素材を集めて料理をするなどがこれである。

このように、労働するということは、理性をともなった発展的な行為なのである。
働くのと食べるのとどっちが楽しいのかと聞かれれば、間髪を入れずに「食べること!」という答えがかえってくる。しかし、それでは、労働は単なる「ガマンすること」、すなわち苦しみで終わってしまうことになる。

■仕事を通して自分をみがく法

理想的なのは、労働と楽しみの区別を取り去ってしまうことだ。それには、弁証法(29ページ参照)の思考をもちいればよい。たとえば、服を作ることを考えてみよう。この場合、まず服飾関係のアーティストが、デザインを決めたり、素材を裁断して、つなぎ合わせたりするとしよう。

これは、人間が対象に関わるときにさまざまな矛盾を克服しつつ、自分自身のイメージを外側に形成し(疎外)、自らの作品を完成する働きである。もし、これが趣味の領域であれば楽しみになるし、お給料がもらえれば職業になるわけだ。

つまり、労働とは、自分の作品、仕事のうちに、自分自身の行為を確認するのであり、自分の内側を外から眺めるという行為なのだ。

●仕事が楽しくなる生き方とは…？

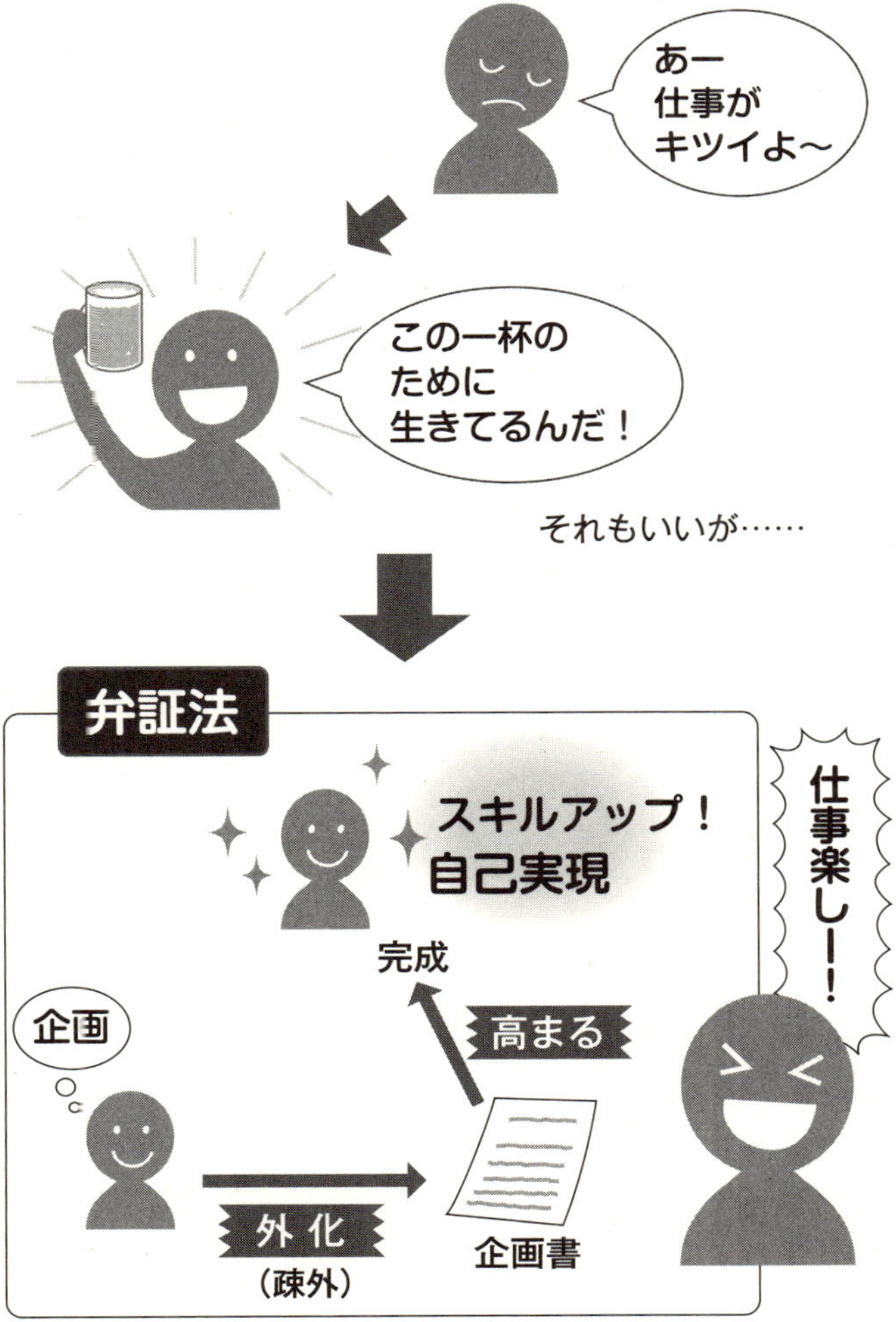

労働は、自己を疎外してものとなすこと、すなわち自己対象化なのである。

疎外とは、「友達に仲間はずれにされて孤独」というような意味ではない。自己意識が自らの自然なありかたから離反し、それを放棄するということだ。自己意識が外化していくことが疎外なので、弁証法の働きに疎外は不可欠な契機なのだ。

自分の外側に生み出される労働生産物のなかに自分の理想が表現されているということは、労働が自己実現であるということにほかならない。

さらに、**労働をつうじて自分を鍛えることができる**。さまざまな知識が増し、技能が上達していく。すなわち、労働によってスキルを磨き、自分自身の力を蓄えていることになる。従って、**労働とは人間が自然への依存を脱却して精神的に自立を獲得するためのスキルアップ**なのであって、より精神が高度化していくトレーニングのようなものであると言えよう。だからこそ、消費や享楽の立場に立つ「主」よりも、労働に従事する「奴」に高い位置が認められるのだ。

ヘーゲルは、人間には自分を他人に承認させたいという欲求があることを重視した。この承認はお互いの労働による生産物を認めることからはじまるとされる。経済活動はやがて勝者（主）と敗者（奴）を生む。

　ところで、勝者は敗者を使役するが、敗者は労働という経験を積み重ねていくので、実践的な技能や熟練という財産を獲得していく。するとここに逆転が起こる。敗者がその技能の面で認められて勝者となり、なまけていた勝者は落ちぶれて敗者になるという弁証法的逆転が生じるという。

　とすれば、仕事がめんどくさいとか、金だけ儲けて遊んでる方が得だなどと考えるべきではない。**仕事そのものが、自分自身を高める目的そのものであり生きがい**なのである。

　ふんぞりかえっている上司がいるとする。彼は実は何もしてない。ところが様々な命令の下にあくせく働く人は、実は知らないうちにスキルを身につけている。よって、時間がたつと、上司と部下の立場が逆転するのである。こういった事例は、身の周りですぐに見つけることができる。弁証法的逆転をめざして、あなたもコツコツと自己実現＝労働を積み重ねていけばよいのだ。

自分を変える思考のコツ

仕事をすることと、自己実現を切り離してはいけない。仕事と娯楽も切り離してはならない。それらは、すべて弁証法的な動きという意味で同じもの。スキルアップをめざそう。

思考の道具09

「絶望」こそ人を飛躍させるチャンスになる

キルケゴール

■このままじゃいけない！

人間は、自分を喪失したり、高慢になったり、自暴自棄になったりするときがある。デンマークの哲学者キルケゴールによると、そこから人間の「絶望」が始まるという。キルケゴールは、「絶望」は「死に至る病」だと説いている。

ただ、絶望にもいろんな種類がある。キルケゴールは、絶望は意識の程度という視点から二つに分類している。

一つは自分が絶望状態にあることを知らないでいる絶望である。「なにも考えずにただ生きている」というのがこれにあたるだろう。

自分がどうあるべきかということを考えることもしない状態であるから、絶望的な無知である。

もう一つは自分が絶望状態にあることを自覚している絶望である。このままではいけないと思っているわけである。

だが、絶望を自覚しつつ、それでも自分から逃げようとしたり、絶望の中で自分を憎みつつ、みじめな自分にあきらめてしまうこともあるだろう。

たしかに**絶望は病気であり、「死に至る病」である。**しかし、この病気は人間が動物以上のものであるからこそかかるものだ。**絶望という病気にかからないことは最大の不幸**である。

かといって、この病気にかかって癒されることを欲しないこともまた不幸である。

ではどうすればよいのか。人間はこの**絶望をより高度な自己意識へと自分を引き上げるチャンスとすればよい**のである。

それにはどうすればよいだろうか。

■「あれかこれか」大いに悩め

キルケゴールは、人が享楽的に生きる姿を美的実存と呼んでいる。これは、人生のあらゆる快楽に身をまかせる生き方である。快楽を享受するには絶えず変化を求めなければならない。

しかし、快楽を求め続けていると、それがたとえ満たされても、何らかのむなしさを感じるものだろう。また、快楽を得ることに失敗した場合は、人はただちに退屈し、憂鬱になる。

結婚せずに、相手を常に変えていく恋愛は長く続くものではない。いつまでも若いわけではないし、真の恋愛関係をつかむことができないだろう。

このような美的実存の人生は必ずや絶望に陥る。だが、この**絶望こそが自分を変える好機**なのである。

絶望に陥った実存は、何事にも深く関わり合いをもたない無責任な生活をつづけるか、それとも特定のものに深く関わって義務を果たす生活をするかという選択の前に立たされる。

ここで実存は決意によって第二段階の倫理的実存へと踏み込む。倫理的実存は**「どのように生きるべきであるか」**という主体的真理を問い求める。

それは特定の人にかかわりあい、家族や社会の一員として責任を分け合い、義務をなし

●キルケゴールが考えた人間の悩みとは？

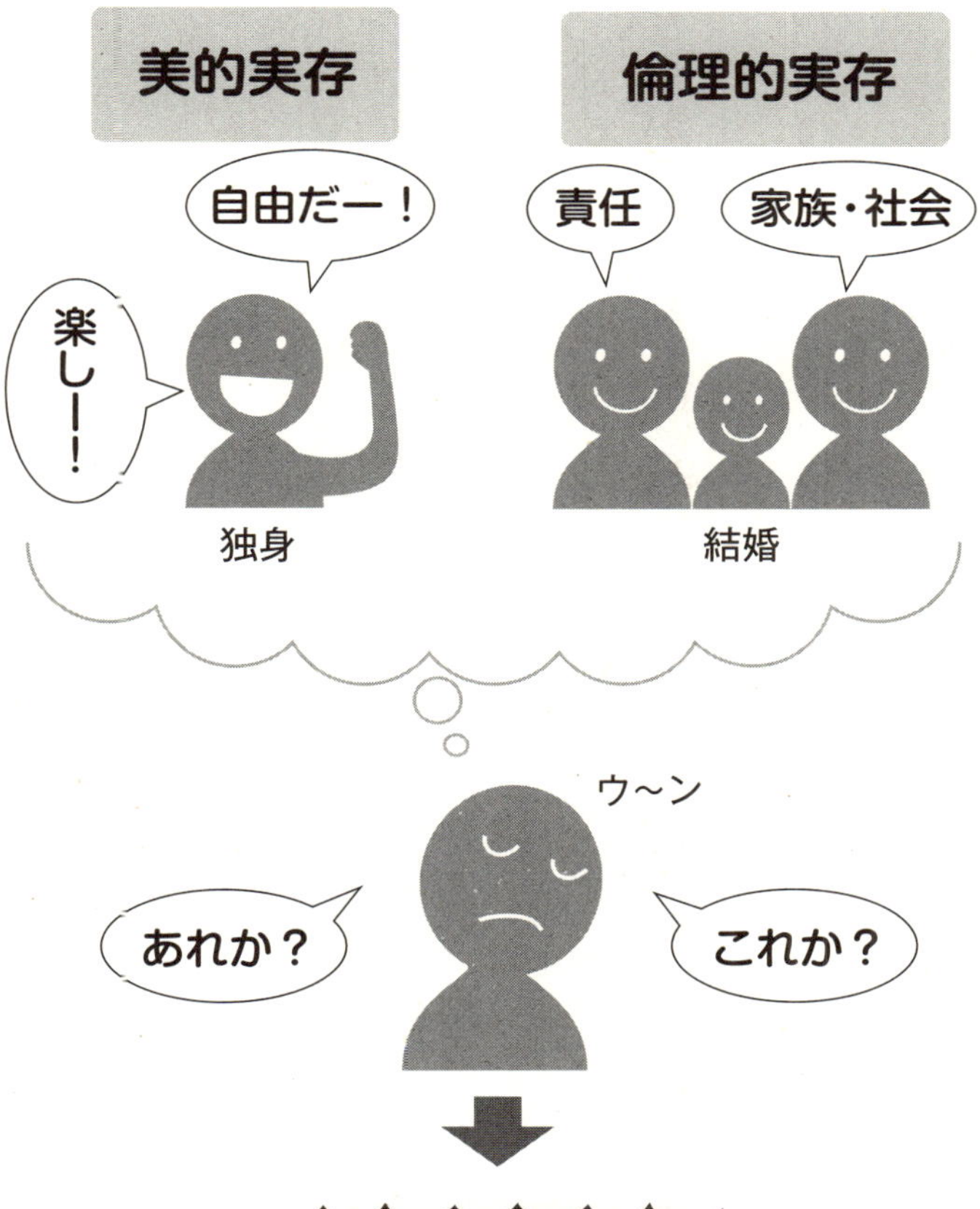

とげようとする。

すなわち、人間は**美的生活か倫理的生活かの二者択一の中で、悩み苦しみ、そうやって今の自分を飛躍しつつ生きていく**というリアルな存在なのだ。

もちろん、独身主義を貫くのも一つの生き方。結婚するのも一つの生き方。いずれにせよ、「あれかこれか」大いに悩むのが人生なのだ。

自分を変える思考のコツ
人は絶望から逃れることはできない。それならいっそ絶望こそ自分を変える好機ととらえ、「どのように生きるべきか」おおいに悩み、とことん問い求めてみよう。

思考の道具10

老荘思想

「頑張りつつ頑張らない」のが上手くいくコツ

■頑張りすぎるとなぜか失敗する?

がんばればがんばるほど、うまくいかない。もがけばもがくほど泥沼に落ち込んでいく。そういうことがある。逆に、あきらめた瞬間に、突然に道が開けることがある。いったいなぜ?　上手にやってやろうというこざかしい智恵が働くと、なぜかそれが足かせとなって、失敗するのかもしれない。

「一発当ててやるぞ!」と思えばはずれる。「まあ、なるようになるさ」と力を抜くと思わぬ幸運が舞い込む。

会社での営業。なんとしてもこの顧客を説得しなければならない。力が入って、汗が出てくる。こちらの緊張が、相手にも伝わる。余裕のなさが見えてしまう。「商品に自信がないのでは？」と疑われたりして。結果、商談は失敗する。

あまりに力むと失敗する。リラックスするとうまくいく。これは、何事も頑張るな、手を抜けという意味ではない。**頑張りつつも頑張るな**という一見矛盾しているけれども効果的な哲学メソッドなのだ。

このような哲学メソッドが、古代中国の老荘思想で説かれていたのである。

老荘とは、老子と荘子をあわせた名称であり、道家思想ともいう。

真の道は絶対的に何もなさないものである。しかし、それによってなされないことは何一つない。

（『老子』第三十七章）

もともと、自然にこなしていけばなんら無理が生じなかったことを、自ら複雑にしている。そのこんがらがった状態を解いてくれる。それが老荘思想だ。

老荘思想においては、なんと**何もしないということが、することと**なのである。これを「無為自然」という。

日常生活には、「ああしろ、こうしろ」との命令が満ちあふれている。外側からのみならず、内面から声が聞こえる。私たちは、常に「～しなければならない」という気分だ。

しかし、老荘思想によれば、あえて人は何かを「しなければならない」わけではない。**ただあるようにあればよい。そうすれば自然に何かを為している。**

たとえば、本日中に仕上げなければならない企画書があったとしよう。なかなか取りかかる気分になれない。「やらなければ」と作為が働くから、その反動で、かえって無関係な作業（たとえばデスクの掃除を始めたり、スマホでゲームをしてしまったり…）などで時間を失ってしまう。

これは、何かを為そうと努力するから、かえって物事が進まないのだと解釈できる。

老子は「道」を説くのだが、これは単なる道徳の「道」とは違う。「道」は宇宙の根源のことで、目に観ることも触ることもできない。

「道」が語りうるものであれば、それは普遍の「道」ではない。「名」がなづけうるものであれば、それは不変の「名」ではない。天と地が出現したのは「無名」（名づけられないもの）からであった。「有名」（名づけられるもの）は、万物の（それぞれを育てる）母にすぎない。

（『老子』第一章）

「道」とは具体的な何かを指しているのではなく、宇宙の原理（形而上の原理）を意味している。「道」について語ることもできなければ、名づけることもできない。この「道」があるからこそ万物が存在できる。

「道」は完全な存在であるから、万物もまた完全である。よって、すべてはうまくいっている。ゴチャゴチャ考えるのはやめて、自然に任せてみる。ありのままでよいのだ。

■すべては小さなことである

しかし、そうはいっても、私たちの日常ではすべてがうまくいくとは言えない。家族との喧嘩、友人との口論、会社でのすれ違いなど様々な対立が生じる。だが、老荘思想によれば以下のように説明される。

最上の善とは水のようなものだ。水のよさは、あらゆる生物に恵みを施し、しかもそれ自身は争わず、それでいて、すべての人がさげすむ場所に満足している。このことが水を「道」にあれほど近いものとしている。

（『老子』第八章）

水は逆らうこともなく、どんな器にもピッタリと収まる。そういった生き方には争いはない。この世界は「道」から生まれて「道」に帰るのだから、わざわざこざかしい智恵で争いを起こす必要はない。

老子の弟子とされている荘子は、さらに無為自然の思想を発展させている。たとえば、自分のたっている場所を「ここ」と指をさしておき、数歩歩いて再び「ここ」といっていた場所に指をさしてみる。するとそれは、もう「ここ」ではなく「そこ」になっている。

物事はこのように万事が相対的だ。**「ここ」があるから「そこ」があり、「そこ」があるから「ここ」がある。**結局同じものを人間が区別しているだけだ。

荘子によれば、世の中の人は、もとは一つであるものを知恵によって区別しているという。

世の人は、もともと一つであるはずのものを可と不可に分け、可である物を可とし、不可であるものを不可としている。だが、それはちょうど道路が人の通行によってできあがるように、世間の人々がそういっているからという理由で、習慣的にそのやり方を認めて

（『荘子』斉物論篇）

いるにすぎない。

すなわち、人の通行によって道ができるように、すべて人間の作為によって人間が決めているにすぎない。そのような小さな枠から飛び出して、大きな視点から世界を眺めれば、気分が変わってくる。

『荘子』という書は、九万里の天空を飛ぶ鵬という鳥の話（逍遥遊篇《しょうようゆう》）から始まる。この鳥は翼をひらいて三千里の水面をうち、九万里まで上昇するほど巨大である。

ところが、ヒグラシと小鳩は鵬をせせら笑うのだ。「自分たちは木に突き進んでも、時には到達できず、地面に叩きつけられてしまうこともあるのに、あんなに飛んでどうするんだい？」と馬鹿にするのだ。

これは、小さな者からみると大きな者がやっていることは、理解できないので笑うしかないということを伝えようとしている寓話だ。宇宙という無限のレベルから考えれば、大きいも小さいもない。人間の物差しで測っている世界は、所詮、相対的なのである。

このように、物事が相対的であるとする、荘子の考え方を「万物斉同《ばんぶつせいどう》」という。宇宙サイズで物事をながめれば、貧富、貴賤、美醜、賢愚などはすべて相対的な価値観であり無

●老荘思想的ポジティブ・シンキングとは？

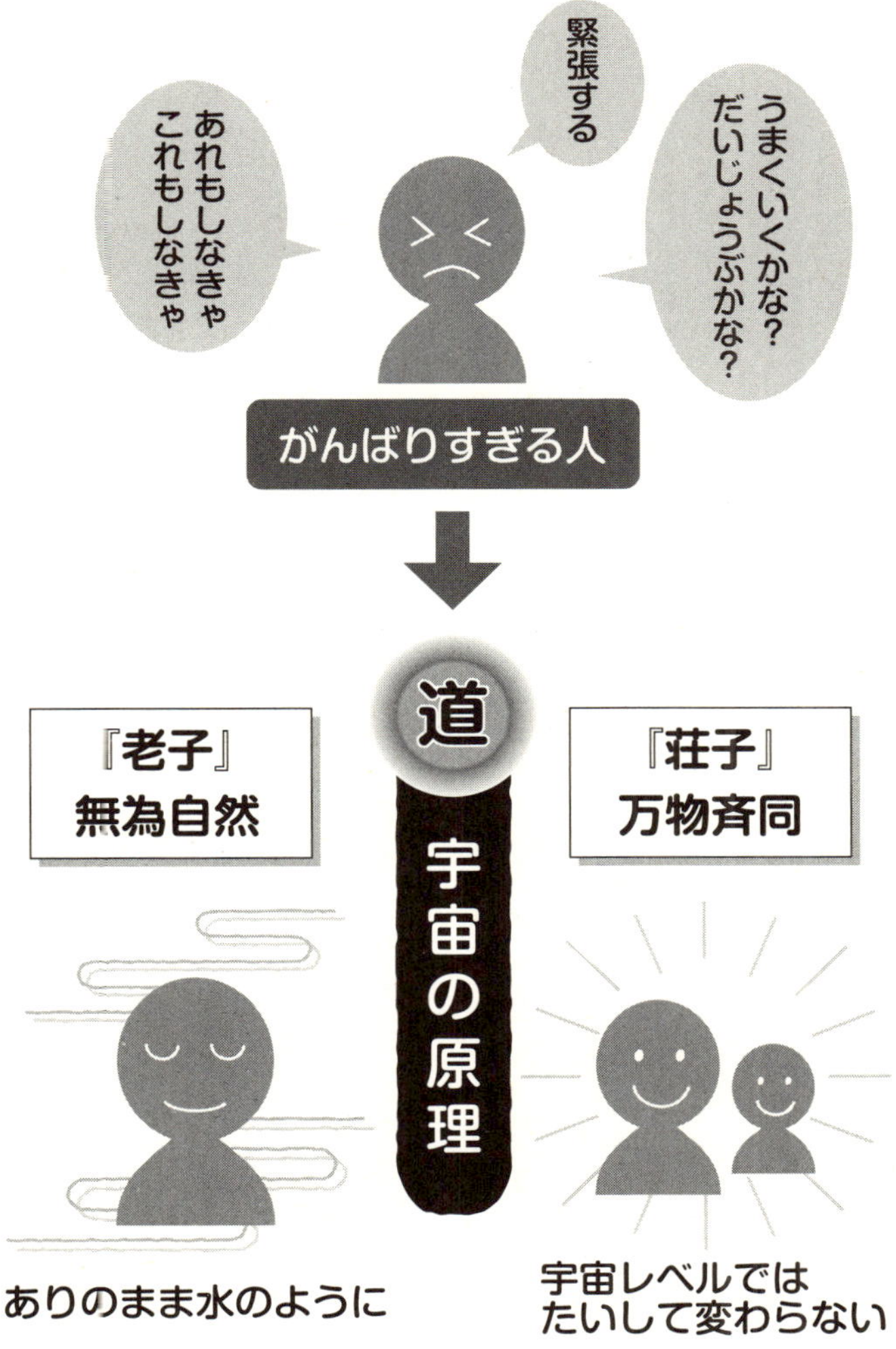

意味なのだ。

荘子は何ものにも束縛されることのない絶対自由な境地に立った。この絶対自由な境地に立つ人間を「真人」「至人」などと表現し、その自由自在な生活を「逍遙遊」とした。

「逍遙遊」をたとえれば、車の運転をしているときに、交差点を通るたびに全部青信号でスムーズに通り抜けられたというようなイメージである。まさに、宇宙的なサーファーのようなもの。何も気にせずに、ありのままに行動すると、うまくいくことだけ意識に流れ込んでくるらしい。

これも一つのポジティブ・シンキングだと言えるだろう。

自分を変える思考のコツ

やろうやろうと踏ん張るあまりに物事が滞ってしまうときは、ちょっと力を抜いて、無為自然にふるまえばよい。すると、もともとたいした問題がなかったことに気がつく。自分の頭で考えて、壁を作り出していただけだったのだ。

思考の道具11

苦しみの根っこにある「執着」とは?

原始仏教

■この世は苦しみに満ちている

人生は苦しい。だが、この苦しみを乗り越える教えがあった。それも古代インドの仏教の話だ。仏教というと葬式専用の宗教と思われがちだが、人生を乗り切るための哲学なのである。宗教的な部分を切り離しても使える思想なのでけっこう人気がある。

「仏教の教え」というのが辛気くさいという人は、「人生の苦しみから脱出する教え」と言い換えるとよいかもしれない。

仏教では、「人生は苦である」(一切皆苦《いっさいかいく》)と説かれる。人生そのものが苦なのだ。というのは、この世のすべては無常であるからだ。無常とは、この世のいっさいは生々流転することだ。いつまでも若く元気でいられるわけではないし、死を免れることもできない。

日常のレベルでも、すべては移り変わっていくわけであるから、人間はその欲望を満たすことができない。

「一切皆苦なんてわけがわからない。今が楽しければそれでいい」というのは、若くて健康で経済的にも困っておらず、かつ人生が永遠に続くと勘違いしている人のセリフではないだろうか。だれでも楽しいことだけで過ごしていきたい。

しかし、仏教によれば、人生においてそれは絶対に無理なのである。私たちの人生は「四苦八苦」である（「四苦八苦」という仏教用語）。四苦とは輪廻して生まれ、年をとり、病気になり、死んでいくという宿命的な苦しみ。また、八苦とは愛別離苦《あいべつりく》（愛するものと別れる苦しみ）、怨憎会苦《おんぞうえく》（いやなものと一緒にいなければならない苦しみ）、求不得苦《ぐふとくく》（求めても得られない苦しみ）、五蘊盛苦《ごうんじょうく》（感覚的な苦しみ）のこと。四苦とあわせて八苦となる。

たとえば、私たちは所有しているものにこだわる。車や家、バッグや服、パソコンやガジェットなど、それらはどうせいつかは失われるか、自分が死ぬか、どっちにしろ永遠に所有することはできないのである。だから、様々な執着をもつことは、苦しみを生むことになる。これらの苦しみはなぜ起こるのだろうか。仏教によれば、すべてのものが変化消滅するのに、ずっと同じでありたいとするこだわりによるのだ。

年々老けていく自分を鏡で見て「ああ、年はとりたくないものだ」と嘆くということは、若さへの執着にほかならない。健康でいたい、死にたくないというのも同じだ。

しかし、この世界のすべてのものは諸行《しょぎょう》無常《むじょう》である。変化しないものはないのだから、自分一人だけ変わりたくないと今にしがみついても無理な相談だ。

しかし、なぜに世界はこうも変化消滅するのか？

それは、この世界すべてのものが相互依存関係にあるからであり、それだけで独立して存在しているものがどこにもないからだ。

すべてのものがそれ自体で独自に存在しているのではなく、相互依存しつつあるという仏教の真理を縁起《えんぎ》という（縁起の原意は、「縁りて起こる」）。一切の存在は、相互依存の関係にあり、そこにおける作用が「縁起」である。

となれば、すべてのものが流れ去っていく道理も理解できる。無数の出来事が組み合わされては次々に変化していく。その中で、自分だけが変化せずにいるのはどだい無理というものだ。

■私もまた「寄せ集め」られたもの

仏教では人間をつくっている要素を五蘊という。五蘊《ごうん(ごおん)》とは、人間の存在を構成する五つの要素のことだ。「色・受・想・行・識」である。①色＝物質（身体）、②受＝外界からの刺激を感じる作用、③想＝表象する作用、④行＝意思する作用、⑤識＝認識する作用。この五つのことだ。

五蘊がセットで人間と言えるのだから、人間そのもの（実体）が存在するとは考えられない。となれば、**永遠に変わらない「私そのもの」など存在しない。**「私」という永遠不滅の実体は存在しない。

これが「無我」の思想である。「無我」の境地とは、無念無想の境地ではなく、「私もまた、寄せ集めなんだなあ」と悟ることだ。私というコアのような存在はもともとなかったということだ。となると、しつように「私」にこだわってもしょうがないのである。

「自分には子供があり、財産があると人は言うが、人はそれを失うと悩むものだ。が、すでに自分が自分のものではない。自分が自分のものではないのにどうして子供や財産が自分のものであると言えるだろうか」

（『ウダーナヴァルガ』一・二〇）

●原始仏教からみた苦しみの本質とは？

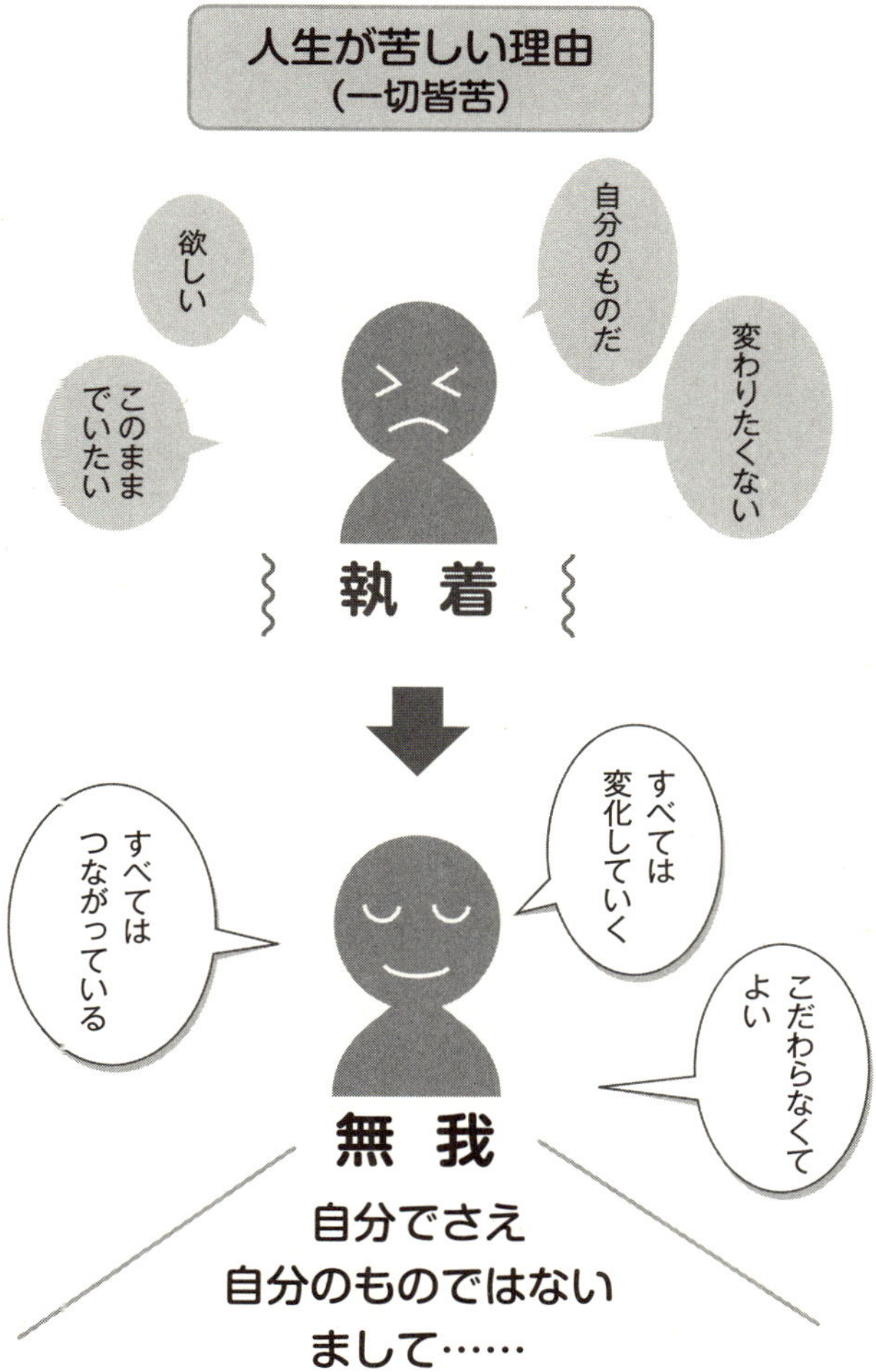

結局、苦しみの原因は、ものに対する執着だったのである。だから、執着を消しされば「私」という実体は消え去り、永遠の苦悩から逃れられる。すべては、自分のものとしてつなぎ止めることができない存在なのである。

それらは縁起によって結びつけられているのだから、諸行無常であり、すぐに古くなってしまう。真に自分の所有物とはならない。借り物だ。

また、**なにか大切なものを失ってしまったら、それはもともと流れ去るものだったのだと考えてみる。**もともと自分の所有物ではなかったのである。だったらそれでいいじゃないか。

自分を変える思考のコツ

苦しみの原因には執着がある。縁起の法を知り、私という存在さえも自分のものではないと悟れば、すこし人生も楽になる。

思考の道具12

無意味な心配をする前に、やっておくべきこと

エピクロス

■エピキュリアンでいこう！

人生にはさまざまな苦痛がある。この苦痛を減らすことによって、快がもたらされる。では、どのようにして人生の苦しみを軽減することができるのだろうか。それには理性の力によって苦しみについて考察をすればよいらしい。特に古代のギリシア人は、そのような態度をすすめていた。ヘレニズム時代のエピクロスは、快楽主義を唱えた。現代では快楽主義者（エピキュリアン）というと、酒池肉林を求めるダメなやつという印象を受けるが、彼の言う快楽は意味が違う。いかにして、苦痛を減らして、精神的な快楽を得るか？という意味での「快楽」なのである。

エピクロスは言う。精神的な苦しみは悲嘆や恐怖によって生じる。だから、その情緒を

起こさせた原因を省察し、根拠が薄弱であることを悟ることによって苦しみは除去される。たとえば、「首になるんじゃないだろうか」とか「将来の生活が不安だ」、「年金はもらえるんだろうか」「病気になったんじゃないだろうか」「事故を起こしたらどうしよう」などの取り越し苦労をしてもしかたがない（だいたい、心配していることは90％起こらない）。**恐怖は身にふりかかる災いを勝手に予断することで生じる**のだから意味がないのだ。

確かに人生には厳しい苦痛がある。だが、エピクロスは、きびしい苦痛は短期間のものであることが多いという。また、長期間の苦痛の中においても、なんらかの喜びがあるはずであるという。不可避な病気で苦しんでいる場合も希望をもって乗り越えていくしかない。

こうして、**苦痛を除去していくことで精神的快楽が得られる。**快楽主義の目標は、瞬間的快楽を慎しみ、永続的快楽をもたらすことである。瞬間的快楽を追求しすぎると、後にその反動でかえって強い不快に襲われるものである。

したがって、真の快楽とは、苦痛を除去した状態としての「アタラクシア（平静な心）」をめざすことなのだ。

この状態は、まるで湖に波風ひとつ立たないような静けさのニュアンスである。

●エピクロスのいう「真の快楽」とは？

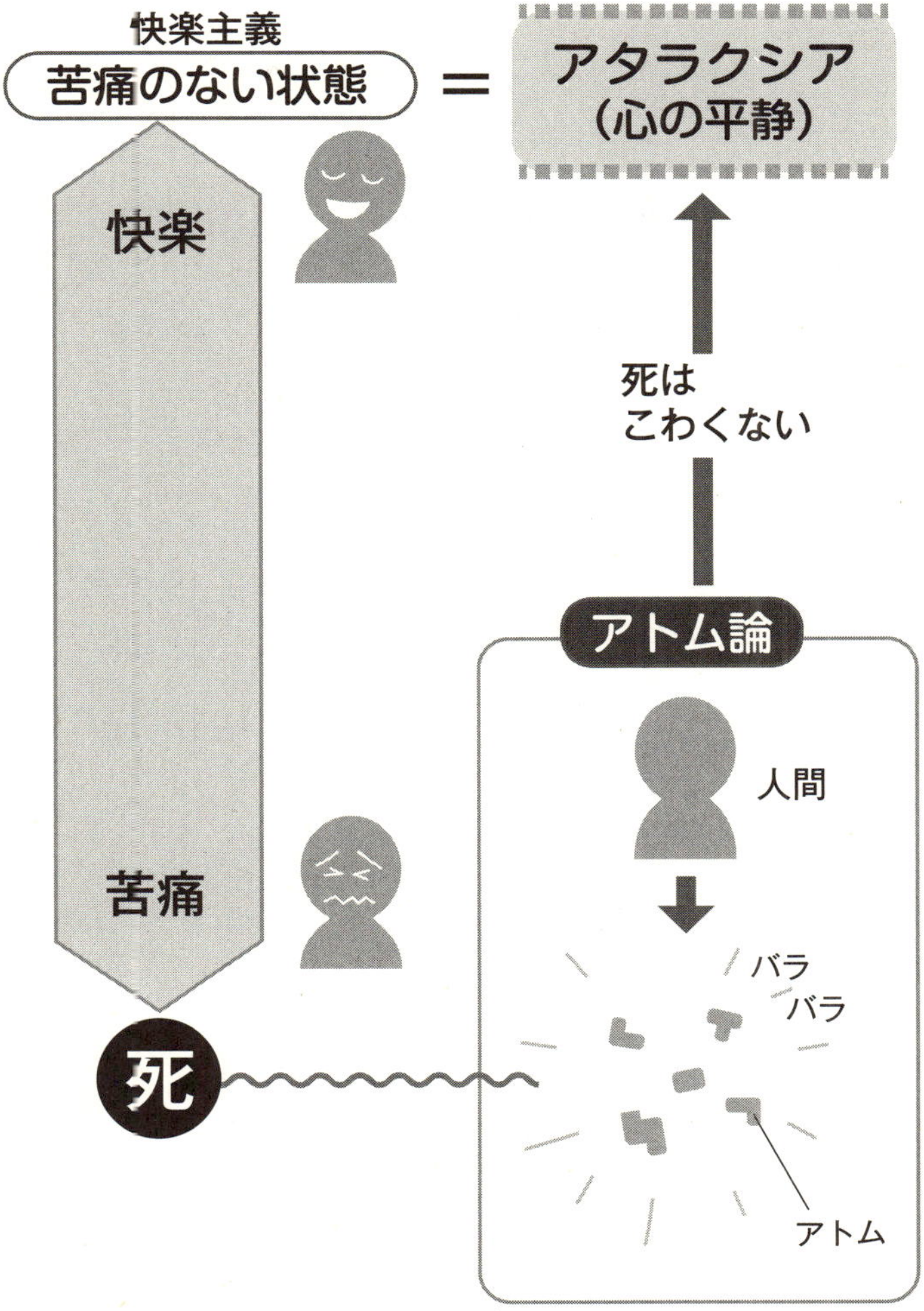

■その「悩み」に意味はない

人間の最大の苦しみは「死」であると言っても過言ではないだろう。しかし、エピクロスは**「死は恐ろしいことではない」**と言うのだ。世界をアトム論で考えれば、死の恐怖はやわらぐとされる。

アトム論とは、自然哲学者のデモクリトスの哲学説だ。デモクリトスは、それ以上分割することのできないアトム（原子）と空虚（真空）によって世界のあり方を説明した。エピクロスはこの思想を継承して、人生哲学にあてはめてみた。

人間の魂と呼ばれているものも、実際はアトムが結合した物体である。身体が分解すれば魂も分散するから、その時にはもはや感覚はない。

私たちが、直接みずから死を経験したとすれば、アトム的結合が解体してしまう。アトムが分散してしまったということが死なのだから、自分は宇宙の流れに吸収されていっただけである。

死んでしまった後にはもはや死を経験するということ自体がありえない。なにかを経験するということは、生きている間にのみ可能である。ならば、死は、私たち人間には、けって直接みずから経験することのできないものである。死んだ後のことを死んだときに考えることはできないわけだ。

一方、生きているときは、死んでいないのだから死について考えることは無意味だ。

エピクロスは言う。

「われわれが存するかぎり、死は現に存せず、死が現に存するときには、もはやわれわれは存しない」

死は、生きているものにも、すでに死んだものにも関係がないと考えればよい。

エピクロスによると、死は「どうでもよい」事柄として、これを度外視すれば、人間の最大の問題である死を克服することができる。

あとはひたすら、どういう生き方がいちばん快いかを考えればよいのだ。

自分を変える思考のコツ

人生の苦しみのほとんどは、起こりもしないこと、まだ起こってもないことをくよくよ悩むことである。また、すべてはアトム（原子）でできているのだから、苦しみも長続きするわけではない。つまらない悩みは捨てて心の平安を保つ快楽主義者になろう。

思考の道具13

未来につながる生き方の心構えとは?

アウグスティヌス

■ずっとこのままがいいなんて虫がよすぎる?

年をとってくると、疲労、ど忘れ、無気力などの気になるオッサン現象があらわれる。話にまとまりがなくなり、他人やものごとに批判がましくなる。また、なりふり構わなくなるので、身なりも汚くなっていく。

年をとればとるほど、「あとがない」「いまさら何をやっても同じだ」という気分に陥り、テンションは下がる一方だ。

なぜ人間は年をとることに悩むのだろうか。年をとることそのものもつらいが、年を重ねていくということが、最終的には死に至るというゴールに向かっているからかもしれない。

すべてのものは流れ去りつつ変化を免れない。仏陀も諸行無常（75ページ参照）から苦が生じると説いている。

体が変化しなければ病気にはならないし、死ぬこともないだろう。恋人同士の愛が変わらなければ失恋もない。変化がなければ奪い合いがない。争いもない。

変化は時間と切り離せない。時間があるから、年齢や死ぬことを心配しなければならない。かといって変化がなければ、冷凍されているようなものだから、これも困ったものだ。いっそのこと、この世界が最初からなければよいのだが、なぜかできてしまったわけだし、その上、なぜか変化しなければならないのである。

要するに人間は、変化は必要だが、心地よいことは変化して欲しくないというわがままな願いをもっているのだ。

「ずっとこのまま若くありたい」「ずっとこのまま休んでいたい」「このまま健康でありたい」などなど、よい状態を維持したいと願っている。それも変化するこの世界においてそれを求めている。世の中は変化した方がおもしろいが、自分は変化したくないというのは、虫がよすぎると言えるだろう。**変化する以上、かならずいやなことは起こるし、快適さは壊される宿命にある**のだ。なのに、できるだけ楽な状態を引き延ばそうと必死になっているのは滑稽ではないだろうか。

■誰でも永遠なる存在を求めている

変化する宇宙と戦っても、こちらの分が悪いのは目に見えている。ずっと今を維持しようとするのは宇宙と相撲をとるようなものだ。

だが、「変化の世界にありながら、自分は変化したくない」という無理難題について、数多くの賢者たちがチャレンジしてきた。もちろん彼らは、年をとらなかったり、病気にならなかったり、死ななかったりという成果を収めたわけではない。その意味では完全な敗北者である。

しかし、彼ら哲学者は本当に敗北したのではない。**宇宙と戦う以前に戦いをやめ宇宙に人生を明け渡すという方向で、この大問題を乗り切った**のだ。

それが仏教でありキリスト教である。特にキリスト教では、プラトンの哲学（126ページ参照）をつかって、その教理を補強し、心の安らぎをみいだそうとした。

アウグスティヌスという教父哲学者がいた。彼は、初代キリスト教会の最大の教父（神父）で、正統的カトリック教義を確立した人物である。

アウグスティヌスによると、人は誰でも「永遠」を求めている。変化しない「永遠なるもの」でなければならない。何かを手に入れても、人はそれをいつか失うかもしれないという不安をぬぐい去ることができない。だから、今の状態を「永遠なるもの」であると信じたいのである。

けれども、この世で「永遠なるもの」は得ることができないのは、だれでもわかっている。なのに「永遠なるもの」がほしいわけである。

となると、**人間がこの無限の幸福を見いだすことができるのはただ永遠なるもの、すなわちこの世界を超えたところにある絶対的存在においてのみ**ということになる。

絶対的存在というのは、オールインワン的な存在である。なんでも入っていて完璧な存在なので、変化もしなければ、生滅することもない。外から影響も受けないし、エネルギーは無限で、できないことは何もない存在である。キリスト教では、これを「神」と呼ぶのだが、現代人にはよくわからない存在である。

特にここでは、「永遠の存在」とか「宇宙の原理」とか人間を超えた大きな存在だと思えばよいだろう。世界が存在する以上、そういうものはあるに違いないからだ。

教会で結婚式をあげる二人は「死が二人を分かつまで愛する」のだが、その背後には永遠なる存在がそれを見守っているという設定になっている。

私たちは、変化する世界（現象の世界）に生きつつも、実は、心のどこかで変化しない「永遠なるもの」を求めているわけだから、いさぎよくそれを「神」と呼んで、存在する設定で生活すればよいわけだ（この生き方に向かない人は、他の哲学を選んでもよい）。

ところで、この宇宙の根本にある存在は、残念ながら私たち人間には、見ることも触ることもできない。だから、アウグスティヌスは、**有限な世界に生きながら、永遠に変わることのないもの**を頭で認識するべきであると説いた。

その基準となる真理はイデア（126ページ参照）である。アウグスティヌスはプラトンのイデア論をキリスト教的に解釈した。

物体は自分の重さによって、自分の場所におもむこうとします……物体は定められた場所にないかぎり、不安です。定められた場所におかれると落ち着きます。私の重さは私の愛です。私は愛によってどこにでも、愛が運ぶところに運ばれていきます（『告白』第十三巻第九章）

●アウグスティヌスの教えとは？

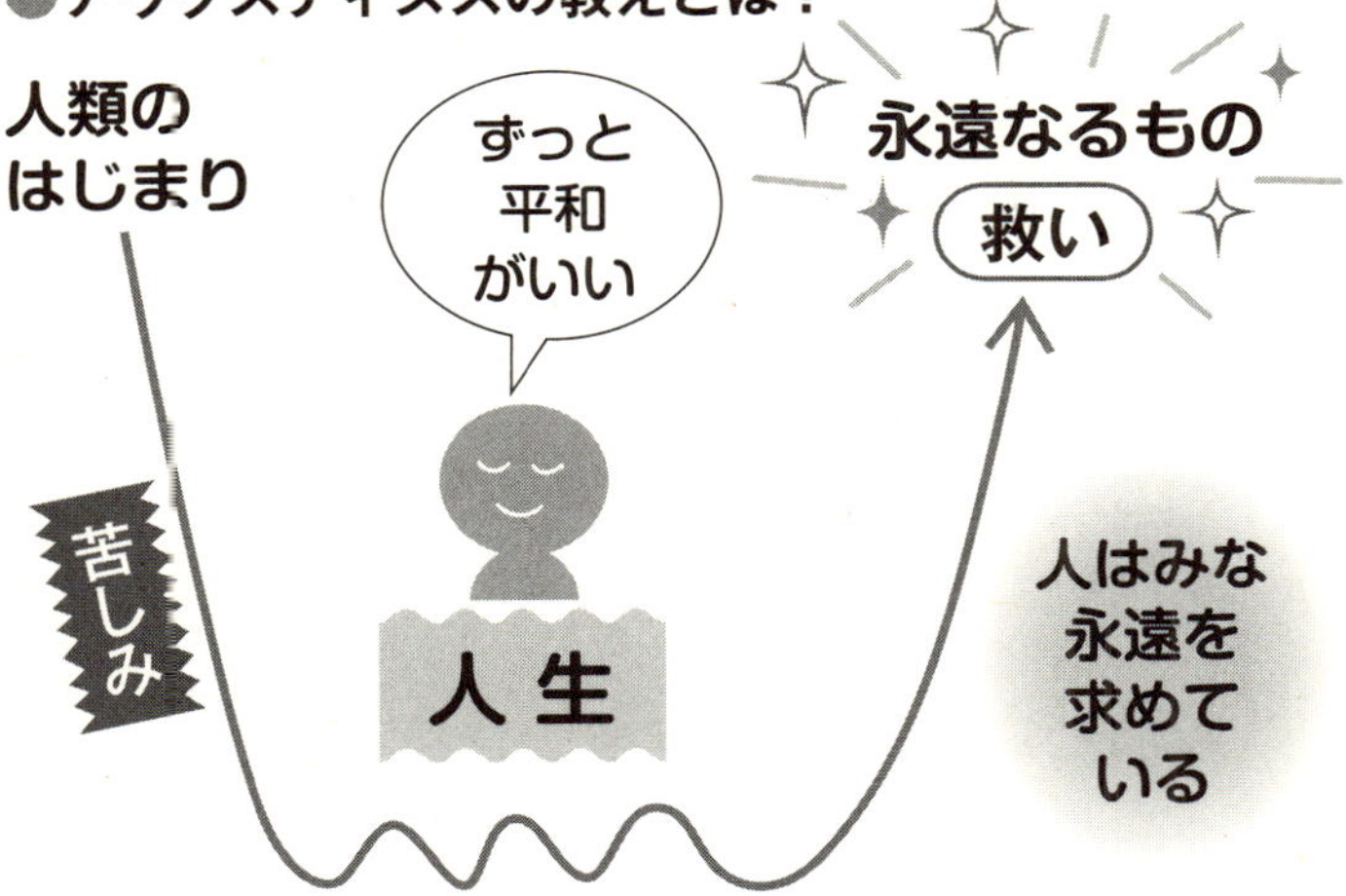
人類の
はじまり
ずっと
平和
がいい
永遠なるもの
救い
苦しみ
人生
人はみな
永遠を
求めて
いる

人間は「永遠なるもの」「真理」から造られたのだから、恩寵《おんちょう》によってそこへと向かう。ナビで目的地を入力されているのである。だから、「永遠の存在」を求めるのである。

アウグスティヌスはこれを「信じ」「希望し」「愛すること」で、日々の苦しみを乗り越えていけると言った。

確かに、今だけが幸せであっても意味がない。永遠に幸せでなければダメなのだ。というのは、「今、大金持ちですけど、明日は文無しです」では、今を愉しむことはできないのである。

私たちは、幸せなとき、それは永遠に続くという錯覚をもっている。だったら、もっと大きく錯覚すればいいのだ。

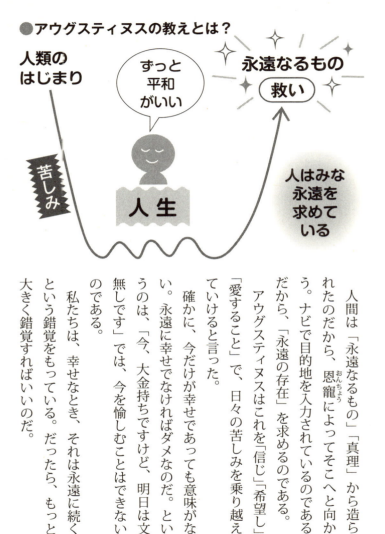

仕事の安定性を求めたり、健康を求めたりするのも「ずっとそうありたい」と願っているからだ。それをいつ失うかも知れないという不安があっては、本当の幸せとは言えない。人間が本当に求めている目的は、現実を超えた普遍・不滅・永遠の真理なのである。

これを基準に生活をすると、まず一時的な快楽を避けるようになる。酒・タバコ・ギャンブルなど、永遠性から除外されるようなものは、一時的な喜びであると考える。

一方、**読書・学習・宗教などの遠い未来とつながるようなことを基準にこれらを生活に取り入れると喜びが長続きする。**たとえば、酒は飲んだときだけ楽しいかもしれないが、読書はその時とそれが役立ったとき（死ぬまで役立つかもしれない）と、持続性の違いが出る。つまり、**より永遠に近いタイプの喜びをみいだして、それを実践することで幸せな生活を送れる**ようになる。

自分を変える思考のコツ

自分がおこなうことが、永遠な存在にどれだけ近いかをチェックしながら生活しよう。そうすることで、衝動的な行動を起こさないですむようになる。

Step 3

内面から考える
――メンタル・モチベーション編

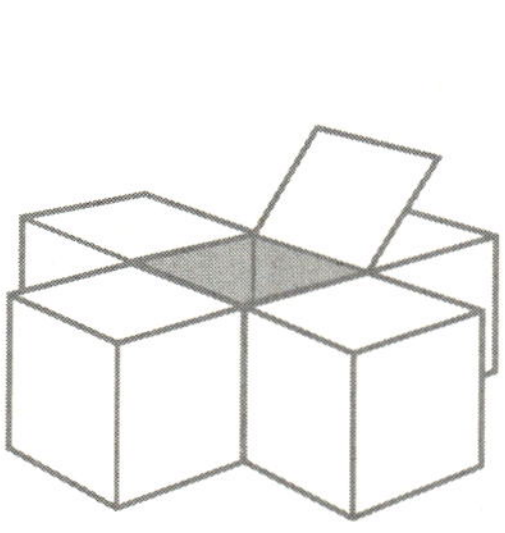

思考の道具14

考え方を変えると「後悔する」のがバカらしくなる

スピノザ

■「精神」と「身体」はシンクロする

人は各人それぞれが切り離された存在だ。皮で覆われたバラバラの個体である。けれども人と人は通じ合うことができる。なぜなのだろう。たとえば、いっしょにラーメンを食べている自分と隣にいる友人は、別々の個体である。でも、「このラーメンはうまい」といえば、相手も同意する。相手が「うまい」と言えば自分にもわかる。

考えてみれば不思議だ。なぜ、別々の体をもった人間が、別々のラーメンを食べているのに、まるで一体となっているようにわかり合えるのだろうか。ラーメンの味がシンクロするのである。

しかし、逆に考えると、恋人同士の気持ちが本当に通じ合っているかどうかはわからない。二人は違う存在だ。お互いの気持ちを勘違いしてつきあっているのかもしれない。

個々バラバラのものがお互い理解できたりできなかったり、この世界はなにやら中途半端である。

少なくともこれは言えるだろう。**私たちは個々人の考えていること、感じていることを、それぞれ照らし合わせて検証することはできない**ということだ。

人生のつらさも、ここに一つの原因をもっているようだ。理解したいが異なっている者同士であるということ。世界の中にありながら、切り離されているように感じること。

さらに、この分裂状態は、私たち自身にも生じていることだ。私たちは心と体をもっている。歩こうと思う（心）ことで歩ける（体）。だが、歩こうと思うことと、歩いていることはまったく別だ。

心と体は完全に分裂している。これは心身問題と呼ばれる哲学の難題で、デカルト（24ページ参照）もこれには苦労した。

科学的に脳と筋肉によるメカニズムを説明してもらってもまったくリアル感はない。思うは思う。歩くは歩くである。別なものだ。

リアルな赤い色を見た後に、赤い色の物理的な波長と脳の電気的な反応の説明をされても、「赤の体験」と「赤の説明」は似てもにつかない。人間が赤を見ている時に、脳の内部をスキャンされたとしても、その人の「赤の体験」と「脳細胞の動き」とは、まったく似ていない。「赤」体験は「赤」としか言い表しようがない。

そこで、オランダの哲学者スピノザはこの問題を解決するために考えた。スピノザによると、「精神」の働きと「体の働き」はなんら直接の接点はないのだが、両者には共通の土台があり、その土台の上で**「精神」と「身体」はシンクロしている**という設定にした。

さて、そんなことが、私たちの生活と何の関係があるのだろうか。これが、大ありなのだ。

「人生の後悔」という大問題と繋がってくるのである。

■すべては一つということ

デカルト（24ページ参照）は精神も物体もともに「実体」とした。精神はそれ自体で存在し続ける。物体はというと、やはりそれ自体で存在し続ける。

ところが、精神と物体を完全に切り離してしまったので、その相互関係がわからなくなってしまった。こうしたデカルトの矛盾を解決するには、切り離した「精神」と「身体」

が動いている場を置けばよい。ケーキとコーヒーは別物だが、トレーの上にあるという設定から考えれば、両者の関係がわかる。つまり、**思考のレベルを一つシフトして一段深いところから読みなおす**わけである。

スピノザの『エチカ』は哲学史上でも大変にユニークな形をとった本だ。内容は、ユークリッド幾何学の体系にならっている。定義、公理、定理という体系である。

【定理一一】　神、すなわちそのおのおのが永遠・無限の本質を表現する無限に多くの属性からなりたつ実体は、必然的に存在する。

【証明】　これを否定する人は、もしできれば神が存在しないと考えなさい。そうすれば、公理七「存在しないと考えられるものは、その本質が存在を含まない」より、神の本質には存在が含まれないことになる。しかし、このことは定理七「実体の本性は存在することである」より不条理である。ゆえに神は存在する。

証明終わり。（『エチカ』第一部）

ここでは、「神」と表現されているが、これは現代の物理学における素粒子などに近い概念だ。「神即自然」と呼ばれるこの概念は、すべてはエネルギーであるとたとえてもよいだろう。宇宙の根源的なエネルギーが変形して、大地、草木、動植物、人間に変形しているのである。

世界は、海と波の関係に似ている。海は繋がっているが、様々な波を生み出す。その波の一つが自分なのだ。

となると、全部が密接に繋がっているわけだから、実は過去の運命はすべて決まっていたという結論が導き出されるのだ。なぜだろうか？

■今のあり方は、今あるようにしかならなかった

スピノザによると、世界は必然的に今のあり方となる。「三角形の本性から内角の和が180度に等しいということが必然的に生じるように」世界はあるという。

世界は、機械的・因果的に動いているだけ（機械論的世界観）。

AならばBという因果関係の連鎖によって世界は成り立っている。この考え方によると**すべては必然的であり、偶然はない**。ということは、この世界に起こることは、何もかも決まっていることになる。よく私たちは、「運命は決まっているのか？　いないのか？」

との疑問をもつ。スピノザによれば、あなたが、いつどこで生まれ、どの学校に行き、どんな仕事に就き、誰と結婚するのかは、すでに因果関係で決定してるのである。いや、昼になにを食べ、いつ風邪を引き、なんのテレビを観るのか…なんて些細なこともすべて決定している。これを「決定論」という。

【定理三十三】　ものは現に産出されているのとは異なった仕方で、また異なった秩序によって神から産出されることができなかった。

（『エチカ』第一部）

つまり、**今起こっていることは、今のあり方以外のパターンはなかった**のだ。「もし、あの時…」なんてことは考えてもムダ。時間をさかのぼって、過去の決断の瞬間に舞い戻っても、また同じ決断をするだろう。「もしあの時、もっと英語を勉強しておけば…」「もしあの時、あの人と出会わなければ…」「もしあの時、もっと節約して預金をしておけば…」「もしあの時、あの株を買わなければ…」。

「もしあの時…もしあの時…」。人生それればかり。しかし、そんなこと考えたって何にもならない。「もしあの時…」のその時点にタイムスリップのように巻き戻されたとしても、あなたはまったく同じ決断をするだろう（今の記憶をもっていければ別だが…）。

というわけで、スピノザによれば、後悔することはまったくのムダ。なんの意味もない。「後悔」そのものが非論理的。考えてもバカバカしいだけ。

今後、「もしあの時…」なんて考えが浮かんできたら、「やっぱりそうしただろう。それでいいのだ」と答えよう。そういう後ろ向きな考え方には、頭から出ていってもらおう。

ところが、この「決定論」は、過去について考える分には、ポジティブで前向きな気分になれるのだが、未来についてはどうだろうか。自由がまったくないことになる。すべては決定しているのだから。

スピノザに言わせると、人間は自分が自由であるとだまされているが、それは自己の行為を決定する因果の連鎖に気づいていないから。

投げられて飛んでいく石ころが「おれは自由だ！」と思い込んでいるようなもの。すでに落下する場所は決まっている。

でも落ち込む必要はない。人間は、因果の連鎖について理解するに至れば、自分が自由でないことを知性的に理解することができる。

「今の判断は、因果関係の中で流れの一部だ」と認識すれば、受け身ではなくなる。むしろ積極的に判断をしていることになる。

受け身的に何も知らないで自分が自由だと勘違いしているよりはよい。すべてが必然であると理解していることで心が安まるのであり、モチベーションがアップするのである。

スピノザは、世界を「永遠の相のもとに」とらえると表現する。必然を認識することこそが真の自由なのだ。

自分を変える思考のコツ

すべては一つであり、因果関係でつながっている。過去の出来事はきっぱりと切り捨てて、未来への因果関係をつなげていこう。

思考の道具15

ネガティブな自分をありのままで肯定する

ニーチェ

■ポジティブ・シンキングの壁

ポジティブな気分であることは文句なしによいことだ。まず、脳内のホルモン分泌が活発化し、免疫力も高まる。気分がよいので、アイディアもより湧いてくる。脳のフィルターによいことだけ見えるという選別の作用が働くので、よりよいことだけが認識される。ニュースも悪いニュースは頭に入ってこない。外を歩いていても、前向きな広告が選別されて吸収される。

なんといっても、ポジティブな気分でいるとそれ自体が快感なので、なぜポジティブがよいのかと問う必要さえない。

ところが、ネガティブな気分だとどうだろう。まず体調が悪くなる。本来、楽にできることが妙に重く感じる。まるで、プールの中で歩いているような気分だ。イライラして怒りっぽくなる。イヤな思い出がフラッシュバックしてくる。本来ならカンタンに許せることを許せない。脳が後ろ向きのフィルターに切り替わっているので、暗いニュースが選別されて目にとびこんでくる。また、暗くなる。電車の中のつり広告の暗いニュースだけが見える。劣等感が高まる…。

とまあ、ポジティブな気分とネガティブな気分はこれほどの心理的結果の違いがあるのだ。

別に世界が変わっているわけではない。世界は同じ。自分が変わっているだけなのだ。だったらポジティブを選ぼうではないか（ほんとうにそっちの方がよいのだ。これは間違いない）。

だが、**ポジティブ・シンキングには大きな壁がある。**

たとえば、会議に遅刻した、病気になった、事故に巻き込まれた、身内に不幸があったなどの現実的なマイナス現象が生じたときにも、ポジティブ・シンキングでなければならないのである。

身内に不幸があったのに、「宇宙に感謝いたします。ありがとうございます」なんて言ったらぶっとばされるだろう。

友人が落ち込んでいるのに、その横で「オレはポジティブだぜ!」なんてイヤミである。「いつも笑顔で」という教えがあるが、ニヤけていたらまずい場面もあるのだ。ポジティブ・シンキングとは、実行しようとするとけっこう難しいのである。顔に出さずに、心の中だけポジティブでなければならない。かつ、たとえ歯が痛く、腹の調子が悪く、頭痛でさいなまれているときも、それを人に言ってはいけない。心の中で、「この痛みは生きている証拠だ」「体の免疫作用が戦っているから痛いのだ。ありがとう」と言わなければならない。ポジティブ・シンキングは疲れる。そう思う人は多いのである。実は**ネガティブ・シンキングの方が楽なのだ。ダメだ、無理だ、できない、苦しい…そしてため息。こちらの方が自然なのである。**

ニーチェは決してポジティブ・シンキングの人ではなかった。むしろニーチェの哲学は、本当のことを言い過ぎて、かえって暗くなる哲学とされている。別に元気を出すための哲学ではなかった。けれども、なぜか、ニーチェを読む人は元気になるのである（それをニーチェが望んでいたわけではないのに関わらず）。

ニーチェによれば、世界は無意味・無目的である（ニヒリズム）。人生に意味も目的もない。ふつうはここで落ち込むことになっている。さらに、意味も目的もないことが、何度も繰り返される。これは日常レベルから、宇宙のレベルまでひろがる。私たちの日常は同じことの繰り返し。宇宙もまた無限回に同じことを繰り返す（永遠回帰）。

一切の諸事物のうちで、起こりうるものは、すでにいつか、起こり、作用し、走りすぎた……。（『ツァラトゥストラかく語りき』）

この思想を永遠回帰という。無意味な繰り返しは「うつ」「無気力」を呼び起こすはずだ。だが、なぜかここで元気がでることになっている。ニーチェの哲学は、暗い気分が吹き飛んでしまう仕様になっている。なぜだろうか？

■これが人生だったのか！　よしもう一度！

同じことが永遠に繰り返される「永遠回帰」とは、朝起きて歯を磨いて、出勤して、仕事して…、食事して…寝る…というようなループのレベルではない。地球が滅亡しても、再びまったく同じ地球が出現し、すでに通り過ぎた歴史通りの展開をもう一度たどり、それが無限回繰り返すということだ。

音楽の無限回再生のようなものだ。そんなバカなと思われるかもしれないが、ニーチェはそういうことを真剣に言っている人なのだ。

スロットマシーンの組み合わせにも限界がある。もし、無限にスロットマシーンを動かしていれば、同じ組み合わせは全部出尽くすだろう。宇宙もまた大きなスロットマシーン。地球という存在とその歴史は同じパターンで繰り返す。

ということは、これを読んでいるあなたもまた、無限回に同じ人生を歩み、今と同じ人間として同じ場所で同じポーズでここに出現するということ。

「頭おかしいんじゃないの?」。そう、ニーチェは頭がおかしかったのである。最後は精神錯乱におちいって廃人のまま死んだのだ。

だが、そういうおかしな人が言ったことを、私たちはたまには頭に入れておいた方がいいのだ(そうしないと、本当に同じことの繰り返しのマンネリ化した人生をたどることになるだろう)。

さて、この非常識な永遠回帰の思想とは、物理的に本当のことではなく「設定」「演出」である。本当なわけがないことは、物理学者に聞けばいい。だが、想像してみてほしい。

●人生に“ニーチェ的”に向きあうと…？

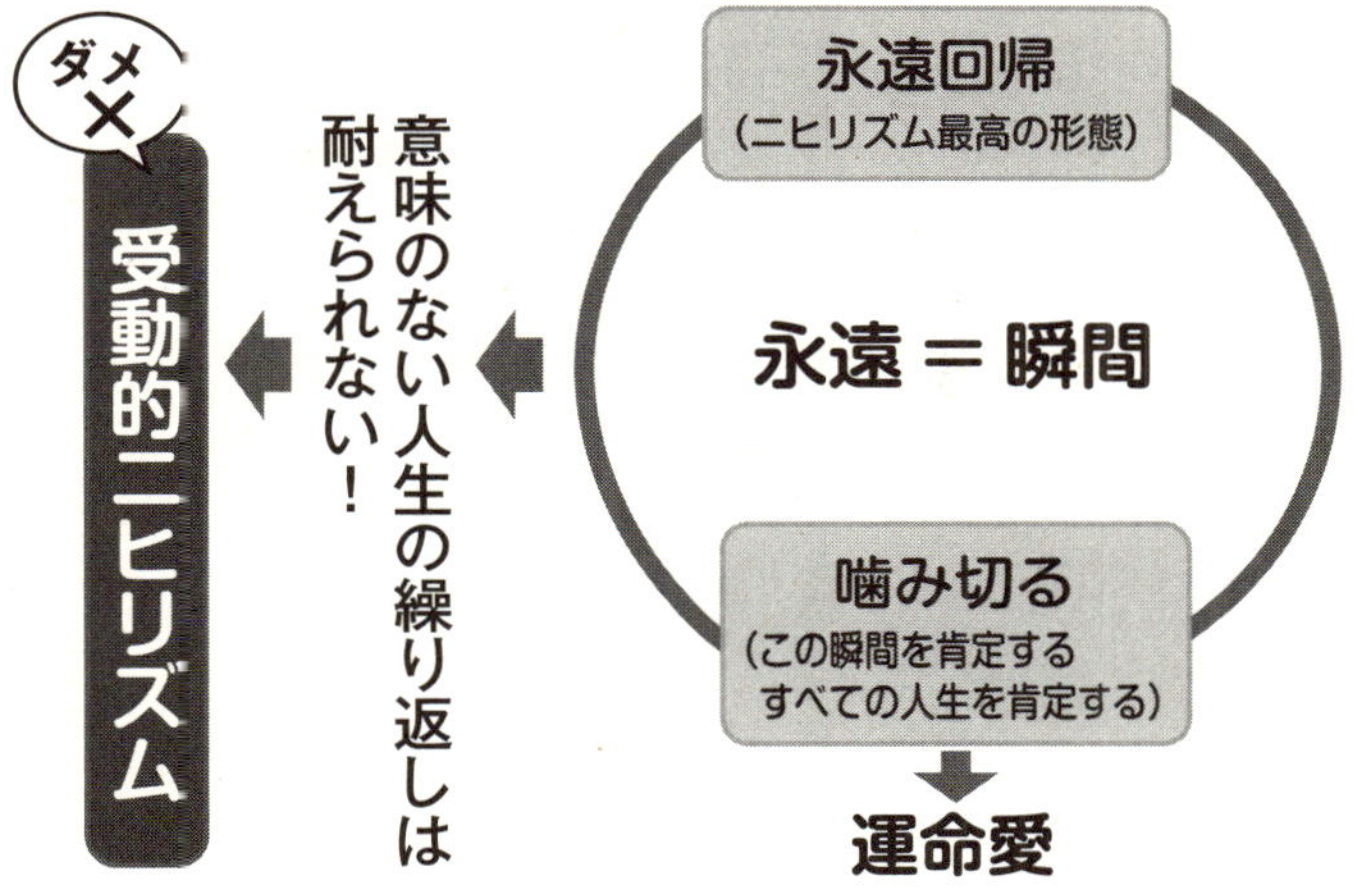
永遠回帰
（ニヒリズム最高の形態）
永遠＝瞬間
噛み切る
（この瞬間を肯定する
すべての人生を肯定する）
運命愛
意味のない人生の繰り返しは
耐えられない！
ダメ
×
受動的ニヒリズム

もし、自分自身の今ある人生が、まったく同じ順序で寸分の違いもなく繰り返されたとしてもそれを受け入れることができるだろうか。

もう一度、この人生を体験することを望むか？　一度ならず、数万回、いや永遠に、自分の生き様をなぞることができるか？

実は、この問いは壮大な思考実験である。**「もし永遠回帰だったら、あなたはどうしますか？」**というインタビューのようなもの。

この問いに対して「とんでもない。こんな人生繰り返すなんてまっぴらごめん！」と答えるなら、あなたは自分の人生を愛していないことになる。

ニーチェは、「これが人生だったのか！

よしもう一度！」と答えて無限回の人生を受け入れることが、人生最大の肯定の態度なのだ。もう、ポジティブなのかネガティブなのかわからなくなる。

気持ちが乗らず、無気力になったら、それを無限回くりかえしてやるとありのままに肯定すること。それが運命愛である。

これだったら、いちいち「ポジティブ・シンキングにしなければ」と頑張る必要はない。かつ、肯定的である。

自分を変える思考のコツ

落ち込んだときは、その落ち込みを肯定し、運命として受け入れる。それを何度でも繰り返すというほど肯定する。

思考の道具16

人生の苦しみから抜け出すたったひとつの方法

ショーペンハウアー

■人生の目的とは？

世界は意志の現れである。意志の現れという言い方はわかりにくいかもしれない。ショーペンハウアーは以下のように説明する。

たとえば、「目」とは「見たい」という意志が、現象化（客観化）したものである。目というレンズは、単にレンズの形をしているのではない。対象を見るための構造をしている。

その奥には、「見たい」という意志があるのだ。見たいという意志が、形となって表れているのが「目」なのである。

「嗅ぎたい」という意志が、現象化（客観化）すると「鼻」、「食べたい」という意志は「口」、

「歩きたい」は「足」となる。子孫を残したいという意志は「生殖器」となって現象化している。

これは、人間の体だけではない。あらゆる動植物を観察すればその事実がわかるだろう。植物が葉っぱを太陽に向けて、光合成をし、栄養素を作り出す。虫が巣をつくったり、獲物をとったり、**すべては生きようとする意志が形になって物体の形をとっている**のだ。

ショーペンハウアーは、「〜したい」という意志が形として表現されていることを観察し、あらゆる生命体が意志をもっており、それぞれの形態へと現象化していると考えた。

けれどもここに大きな問題があるという。この意志は「生きんとする盲目的な意志」である。生物は生きたいから生きているだけであって、なんら目的・ゴールはない。

とすれば、人間もまた生物であって、人生全体はただ生きたいから生きているというだけ。実は、何の意味もないというむなしい結論に達するのだ。人生とは何なのだろう。実に、無限に欲望が生じてきて、それを満たそうとするだけのものではないだろうか。そして、欲望と欲望がこの世界でぶつかり合えば、闘争・戦争となるしかない。だから、ショーペンハウアーは、意志と意志が闘争する戦争は、原理的に避けることが不可能な現象であると説いた。彼はこの世界はその構造上、絶対に戦争を避けることができないと説いたのだ。

なぜならば、意志は限りなく飢えた存在であるが、現象の世界は制限のある世界である。欲望は永遠に満たされない。常に圧力鍋のような形になっているわけだ。

求める「意志」は無限であるから、最終的には何も手に入らない。お金を例にとって考えるとよいだろう。お金が手に入るとすぐに使ってしまう。かといって収入が増えれば満足するかといえば、そうではない。お金が手に入れば、入った分に比例して欲望（意志）も増えるのである。ラットレースから抜け出ることは難しいようだ。

となれば、常に欲求不満が続くのが人生だという結論に行き着く。ショーペンハウアーによれば、人生は苦悩以外のなにものでもなく、すべての努力は虚しいものである。この世界は限りなく悪く、もしこれ以上悪かったら存在することさえできなかっただろう。それくらいひどい世界なのだ。

■音楽で苦しみを沈静化する

ここまで世界と人生を否定的にとらえるショーペンハウアーはペシミスト（悲観主義者）と呼ばれることがある。しかし、実生活の彼は、常にジョークをとばし、明るく生きていた。なぜなのだろうか。

それは彼が、**人生が苦しみだということを受け入れて、その上で解決法を実践していた**からである。それは、現代の私たちにはより容易にできる方法である。

それはなんなのだろうか。実は、**「音楽を聴く」**という方法なのである。「音楽を聴くことで苦痛に満ちた人生が楽になるんてバカバカしい！」。難しい哲学で話を引っ張って置いて、結論が音楽かとこの本を閉じてしまう人もいるだろう。

しかし、まってほしい。あなたは、つらいときに音楽で癒やされた経験はないだろうか。体調が悪いときでさえ音楽で少し回復したという経験はないだろうか。人生の苦しみの原因は「生きんとする盲目的意志」が火山のように吹き出してくることが原因だった。

だから、**その時の気分にあわせた（意志のパワーに同調させた）音楽を聴くことで、苦しみを沈静化できる**のである。なぜなら、音楽こそは、作曲者の意志が空気の振動となって表現されたものだからだ。

音楽というのは、当時はクラシックのことを示しているのだろうが、私たちにとっては、ロックでもポピュラーでもなんでもいい。すべては作詞・作曲した人間の意志が波動に変換されて表現されている。それを聞く人は、吹き上げる意志の力を感じて、それに同化

●なぜ音楽によって苦しみから抜け出せるの？

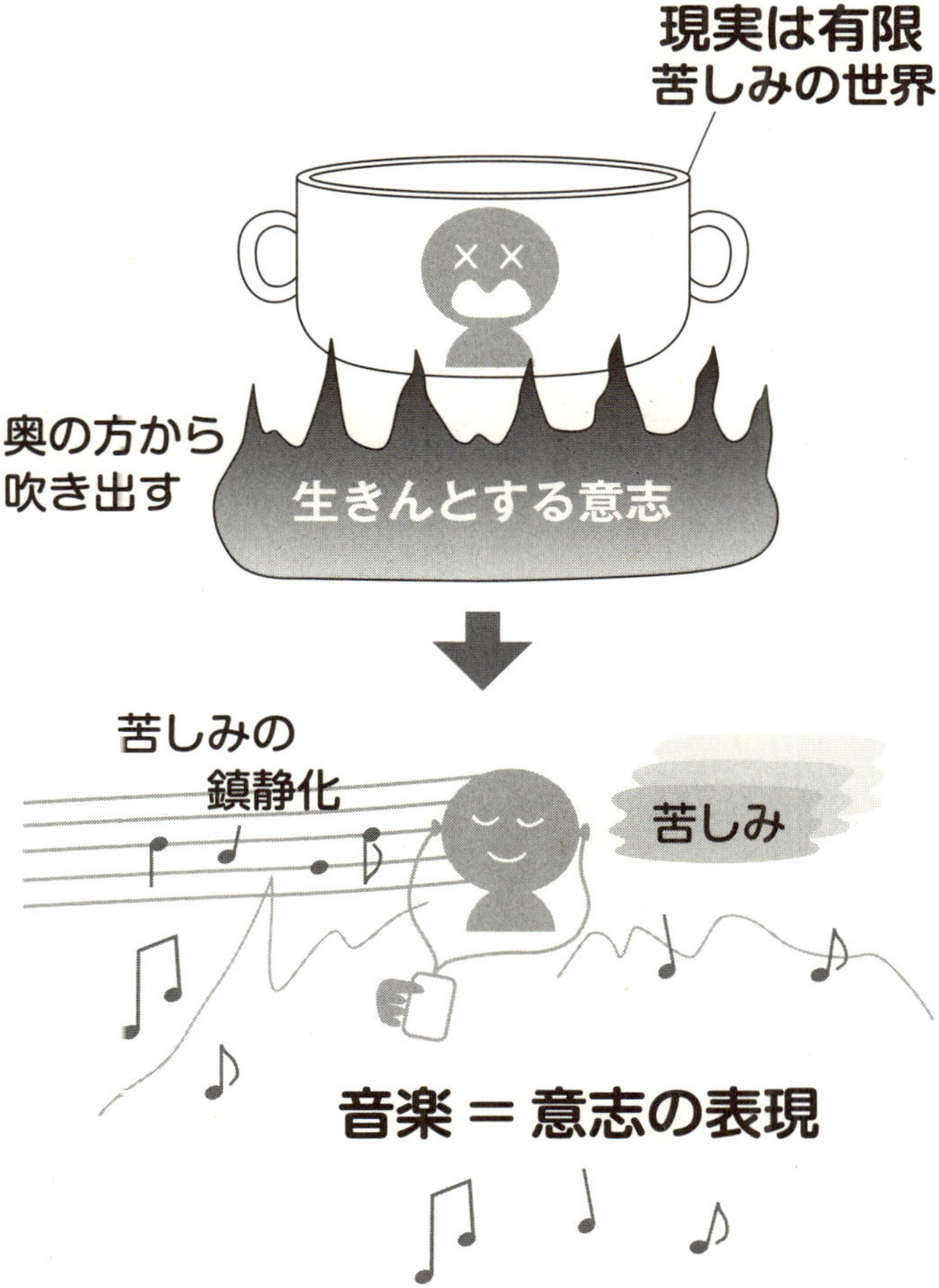
現実は有限
苦しみの世界
奥の方から
吹き出す
生きんとする意志
苦しみの
鎮静化
苦しみ
音楽＝意志の表現

する。だから、**音楽を聴くと苦しい現実から、一つ奥の根源的な領域に足を踏み入れることができる。**

ショーペンハウアーの時代には、音楽を聴くにはライブしかなかった。しかし、現代の私たちには、ポケットに入る音楽プレーヤーがある。聞き放題もできる。なんと恵まれた時代に生きているのだろうか。

自分を変える思考のコツ

苦しみの原因は、限りない欲望が原因であると認識し、音楽を聴くことによってその苦しみを和らげることができる。

思考の道具17

スピノザ

物事の全体を見渡す「立ち位置」を手に入れる

■自分の感情を理性によって理解して操る

哲学では「汎神論」という考え方がある。たとえば、「食パン」「フランスパン」「ロールパン」は「小麦粉」からできている。世界も同じように、「山」「川」「谷」（あるいは「車」「パソコン」などの人工物も）など多様な現れをしているが、根本の原理は素粒子であると考える。「小麦粉」にあたる世界の原理を「神」とか「自然」などと呼ぶのである。

オランダの哲学者スピノザは、バラバラの存在を一つの原理から説明した哲学者だった（94ページ参照）。だから、人間の感情も一定の原理・原則によって説明しようとした。

スピノザは、「人間の様々な行動と衝動についても、線や面あるいは物体の問題に対処したのと同じように考察する」（『エチカ』第三部）と宣言し、感情を論理的に分析している。

これによると、人間が自然の一部分である限り、人間は必然的に他から働きを受ける（定理二）。となると人間は、感情に必然的に隷属した存在であることになる。感情もまた、ドミノ倒しのように、因果関係で生じる。

つまり、**出来事はぜんぶ因果関係で決まっている**ことになる。最初のドミノが倒れたから、後のドミノも倒れる。こうやって、感情も外側からの働きによって、決定されてしまうのだ。

しかし、スピノザはすべての個体には「自己保存の欲求（努力）」（コナトゥス）があり、受動性を脱して能動性へと向かう傾向があると考える。その積極的思考が人間を知性的な認識へと導き、すべてが一つの原理の現れであるという真の認識へといざなう。

【定理二】　もし心の激情あるいは感情を外的な思想から遠ざけ、それを他の思想に結びつけるのならば、外的な原因に対する愛や憎しみ、またそのような感情から生ずる心の動揺は消えてしまうであろう。

（『エチカ』第五部）

【定理三】　受動の感情は、われわれがその感情についての明瞭・判明な観念を形成すれば、

●スピノザはすべてを因果関係で考えた

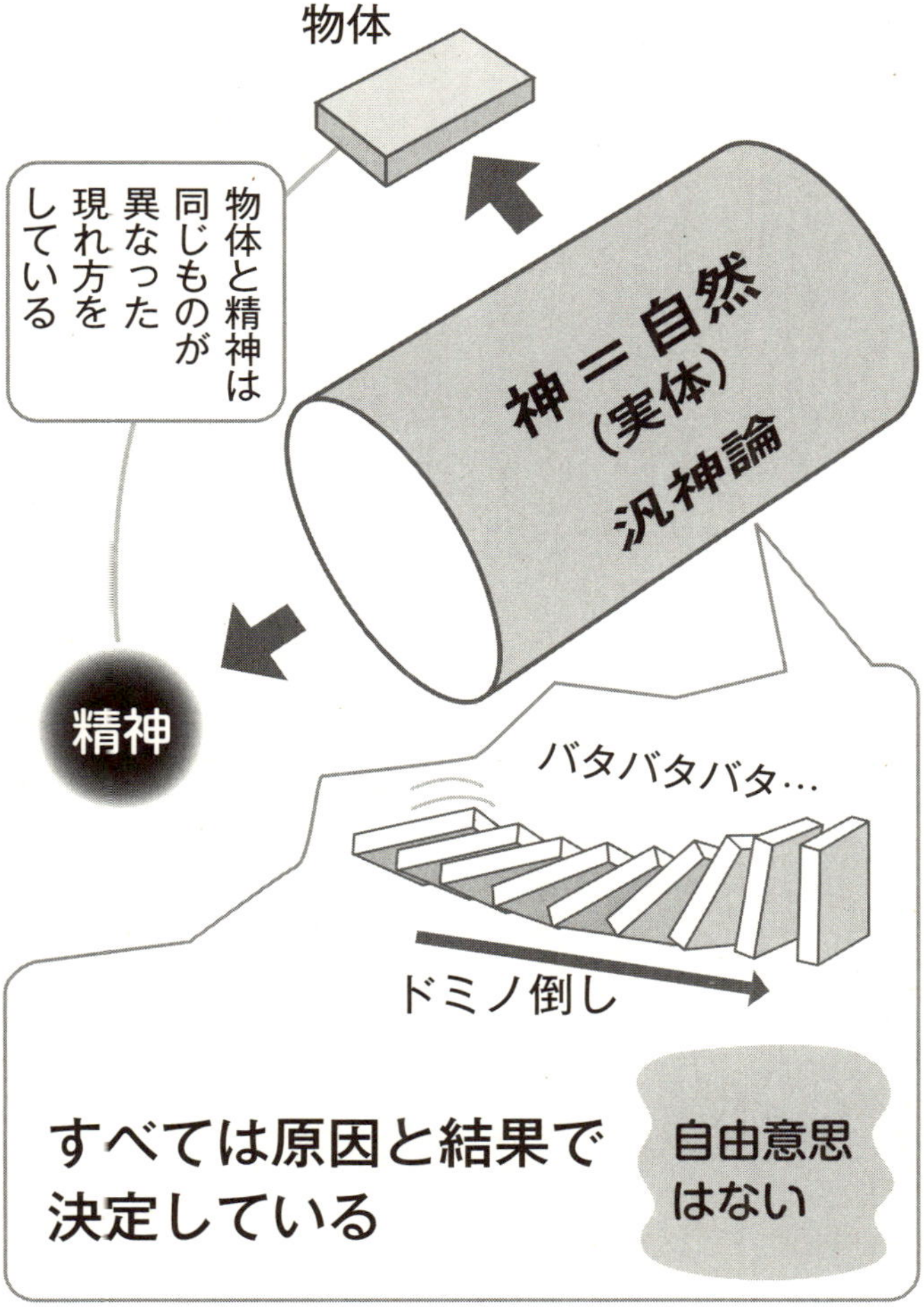
物体
物体と精神は同じものが異なった現れ方をしている
神＝自然（実体）
汎神論
精神
バタバタバタ…
ドミノ倒し
すべては原因と結果で決定している
自由意思はない

ただちに受動の感情ではなくなる。

（『エチカ』第五部）

だから、たとえば会社で不愉快な思いをした時、人間関係でイライラしたとき、まず、その外的な上司なり友人なり**直接的な原因を考えることをやめる。そして、全体が原因結果の必然的なつながりの中にあるシステムであるととらえなおす。**

スピノザは、ポジティブな感情とネガティブな感情を同じレベルに並べることはしない。ネガティブな感情は受動的で混乱した観念なので、これを知性的にその源泉から積極的に分析してポジティブにもっていくのが理想だ。

「今日は朝から会議があるから、いやな気分だ」と思ったなら、「でも、宇宙のレベルですべてが繋がっているのだ」と考えれば、気持ちが大きくなるだろう。感情や行為の隠れた源泉を知れば、そこから解放されるわけである。

■世界との一体感が至福をもたらす

このように、**今ある現象にとらわれず、大きな場所から世界を眺める。すべてが自然に依存していることを認識する**（「**永遠の相のもとに**」**認識する**）。**そうすれば世界のすべて**

に対する愛が生じ、人間を成長させられ善へと導かれていくという。

自分が世界の一部であり「神」（自然・世界・宇宙）の一部であることを知る。さらにスピノザは「世界」を愛することを説く。**人間が世界を愛するということは、自己が自己を愛していること。この世界との一体感が至福をもたらす**というのである。

「会社で自分が評価されていない」「待遇に不満がある」「ムダな仕事をさせられている」などの低いレベルでの現象にこだわると低いレベルの感情が生じる。

『エチカ』には、「不幸な受動的感情は、高尚な能動的感情によって克服されるのである（「神への知的愛」（定理三十七）とある。不幸な受動的感情が浮かんできたら、高いレベルから全体をながめるとよいのだろう。「会社が健全に機能しているかどうか」「全体の利益が配分されているかどうか」「ムダに見える仕事も会社全体に役立っているのではないだろうか」など、**全体を見渡す立ち位置からながめれば、受動的な感情が薄れてくる**に違いない。

自分を変える思考のコツ

ネガティブな感情が浮かんできたら、直近の原因について考えるのではなく、もっと大きな世界のシステムのレベルから考えることで、ネガティブな感情は薄らいでいく。

思考の道具18

プラグマティズム

「幸せ」を先取りするプラグマティズム的思考とは？

■「本当のことはわからない」でいいじゃないか

プラグマティズム（14ページ参照）という哲学の生みの親はアメリカのパースという人物だ。パースは、アメリカの科学者・論理学者・哲学者である。現代記号論理学の祖の一人とされており、自らの哲学的方法を「プラグマティズム」と名づけた。彼自身はポジティブ・シンキングを説いたわけではなく、借金だらけの不遇な生涯を送った。パースによると、私たちの知識というものは新しい観念を導入する推論によって拡大していくから、決して絶対的でないと考えた（可謬《かびゅう》主義：fallibilism）。可謬とは、**人間の知識は、それが現在においていかに確実であるとみなされていても誤っている可能性がある**ということだ。いかなる結論も決して最終的な真理とは見なすことはできないので、常に誤りが発見・修正される可能性を残したものとされるという考え方である。

もっとかいつまんで言えば、「自分が正しい」と確信したことだって、もしかしたら間違っているかもしれないということ。

「この人こそ理想のパートナーだ！」と思ったら裏切られ、また「この人こそ理想のパートナーだ！」と信じたら絶望し、今度こそ「この人こそ理想のパートナーだ！」と手応えを得たら大きな勘違い。そんなこんなで、人生はいつまでたっても真実にたどり着けないのである。だから、あらかじめ、**今信じていることは真理ではないということを先取りして予見しておく**こと。これが可謬主義である。

しかし、これではいつまでたっても「本当のこと」はわからない。疑い深いただの人で終わってしまう。すなわち、頭をすっきりさせる方法を唱えた。

プラグマティック・マキシム（プラグマティズムの格率）である。

たとえば、「硬い」という意味は、物理的に説明してもきりがない。どの程度を硬いというのかははっきり決められないからである。どんなに硬い金属でも、『アベンジャーズ』のハルクにとっては柔らかいのかもしれない。真の「硬さ」とは何なのだろうか。しかし、プラグマティズムの思考法は実際的な結果の総計を考えるからすっきりする。

「硬いってなんだろなー？」と考えているだけではだめだ。実際に自分自身が行動してみて、そこから経験的に得た結果をまとめれば、「硬い」がわかる。

「硬い」というのは、他の物でひっかいても傷がつかないということである。他のものに比較して、強靭であればとりあえず私たちはそれを硬いという（ハルクは関係ないのだ）。

このプラグマティック・マキシムをさらに発展させると、以下のように日常生活で使える哲学に高めることができる。使える哲学に高めたのは、ウィリアム・ジェイムズである。

ジェイムズによると**自分が人生において実際的に有用性をもったものであるならば、それは真実なのである**。有用性とは、人生にとって有益なこと。結果よければすべてよしなのだ。とりあえず行動してみてから、使えればそれは正しいし、悪ければやめればいい。あたりまえのことだろうか？　いや、私たちは無意識のうちに、それそのものの本質的な正しさを求めているのである。

電車で、高齢者に席を譲ることは絶対的に善なのだろうか。席を譲られることを嫌っている高齢者もいる（わしゃまだ年寄りじゃない！）。「席を譲ること」＝「善」ではないのである。譲った結果喜ばれたなら（有用性があれば）それは「善」。なければ「悪」である。

ジェイムズは、プラグマティズムの公式みたいなものを唱えた。

「○○を信ずることの結果が、人間にとってよいというのであれば、○○は真である」。

だから、「正義」「善」なども実際に行動してみて、それによって生じた結果から定義すればよいわけだ。これでますます気分がすっきりするのである。

■悲しいから泣くのではなく、泣くから悲しい

さて、ジェイムズの考えによれば、結果的に有用性があれば、それは真であるのだから、もし自分が結果的に落ち込んでいれば、その原因にかかわらず「真」ではない。

もっとわかりやすく説明しよう。

今、現に腹が痛いとか歯が痛いならば、病院のお世話になるべきだ。しかし、「自分は価値がない人間だ」とか「どうせ人生は意味がない」なんて悩みで苦しんでいるのなら、それはプラグマティズムで解決するべきである。

悩んだり落ち込んだりしている時は、ほとんどの場合、自分の心が勝手に価値判断をしている。

「やる気が起こらない」「人から評価されていない」「おもしろくない」など、自らをその方向へと追い込んでいるのである。

確かに「真理が先に存在し、それに基づいて現実の世界のあり方が決まっている」という哲学もある。しかし、この考えでは、不満が生じたとき、「本当の自分」が先にあって、後発的に今の「偽りの自分」があると結論しているのだ。本当の自分があって、それがダメだと思っている。が、本当の自分なんてないのである。

プラグマティズムの思考ではその逆を考える。自分の信念が先にあり、それがそのまま真実なのだ。**「だめだ」と思えばそれは真実である。逆に「大丈夫」と思えばそれも真実である。**アメリカの自動車王フォードは言っている。「できない」も真実だし、「できる」も真実だ。彼はできるをチョイスしたのである。

だから、**悲観的な考えが浮かんできたときは、「ｎｏｔ」の三文字ワードで意味を逆転させればよい。**「『それは無理』……ではない（not）」「『やってもしょうがない』……なんてことはない（not）」。「『前例がないから』……ということはない（not）」。「『能力がない』……などということはない（not）」。このように否定を肯定へと置き換えるのである。そして、それは単なる勘違い、思い込み、妄想ではないのだ。なぜなら、プラグマティズムではもともと真実がないからだ（可謬主義でもう一度考えてみよう）。

よって、結果がすべて真実。落ち込んでいればそれは「真実」、テンションが高ければ、それは「真実」。

ある人が、理由もなく幸福だったとしよう。「なに、おまえ自分だけ妄想にひたってんの？」。プラグマティズムではその批判は完全に間違い。批判している人間はネガティブであって、ネガティブな状態がその人の真実であるからだ。ポジティブな人にとってはポジティブな状態が真実なのである。

サッカーの試合で自分のチームが勝利すると確信して試合にのぞむことは科学的には不合理な態度だろうか。否、科学的な証拠が得られないまま、あえて必ず勝つという信念をもつのが自然な態度である。

自分を変える思考のコツ

プラグマティズムでは、結果がすべてで、言い訳無用。だったら、先に幸せになってしまおう。根拠はなくてもよいのだ。幸せだったらそれで勝ち！

思考の道具19

プラトン

迷いなく理想に向けて進むイデア的思考とは？

■「イデア＝完全なるもの」を目指せ

古代ギリシアの大哲学者ソクラテスについての本はあっても、ソクラテスの著作はない。それもそのはず、ソクラテスは何も書いていないからだ。けれどもソクラテスの弟子のプラトンの対話篇からソクラテスの思想が読み取れる。プラトンの思想は、ソクラテスのアップグレード版である。

プラトンは、ソクラテスが問い続けた「それは何か」「その本質は何か」に対する一つの答えを出した。

それは「イデア」である。人それぞれ、いろんな考え方をもつが、**あらゆる立場に左右されない究極の実在がイデアである。**「お年寄りに席を譲る」とか「友人の相談にのってあげる」などは「善」なる行為だろう。けれども、席を譲られたくないお年寄りもいるかもしれない。相談にのることでその人が誤った判断に導かれてしまうことがあるかもしれない。

つまり、人それぞれ善かれと思っていることも、本当は「善」なのかどうかはわからない。私たちは相対的な世界に生きているからだ。何が本当かは決められない。

けれども、私たちは確かに「善」なるものを知っている。「善なる行為」「善なる考え方」などの根本に「善」があることを確信している。そもそも「善」という言葉があるのだから、その本体があるに違いない。

この世にないけれども、どこかにある「善」。プラトンは、私たちの世界では見えないし、聞くこともできないけれども、その本体はどこかに存在すると考えた。その本体が「イデア」であり、「イデア」が存在する場が「イデア界」である。

プラトンによれば、**「善い行い」の根本には、「善そのもの」がある。現実を超えた別世界の「イデア界」に「善のイデア」が存在しているというのだ。**

たとえば、「赤とは何か？」「赤の本質とは何か？」と問われたら何と答えたらよいだろうか。バラの赤、信号の赤、リンゴの赤というような説明では十分ではない。これでは、「赤」

をいろいろな物体を使って説明しただけだ。「リンゴは赤い」は赤を説明したことにならない（リンゴ←主語、赤い←述語）。「赤とは〜」と説明できなくてはならないのだ（無理な感じがする）。

さらに、「花の赤」、「信号機の赤」、「リンゴの赤」などは見たことがあるが、それぞれの赤は微妙に違う。すべての「赤」に共通する「赤」とは何なのか。「赤」は見えるが「赤そのもの」は見えない。赤いと言われるすべてのものにあてはまる「赤」そのもの。それが「赤のイデア」である。

同じく、「善のイデア」「正義のイデア」「美のイデア」などもすべてそれ自体として存在する。

■知識とはすでに知っていることを再確認すること

プラトンは、私たちがすでに「ホントウのこと」を知っていて、それと照らし合わせて、現実世界の多くのものを判断していると考えた。その基準こそが「イデア」である。この世界は不完全で、生成生滅するけれども、どこかの世界に変わらない何かがあるに違いない。

●プラトンの「イデア論」とは？

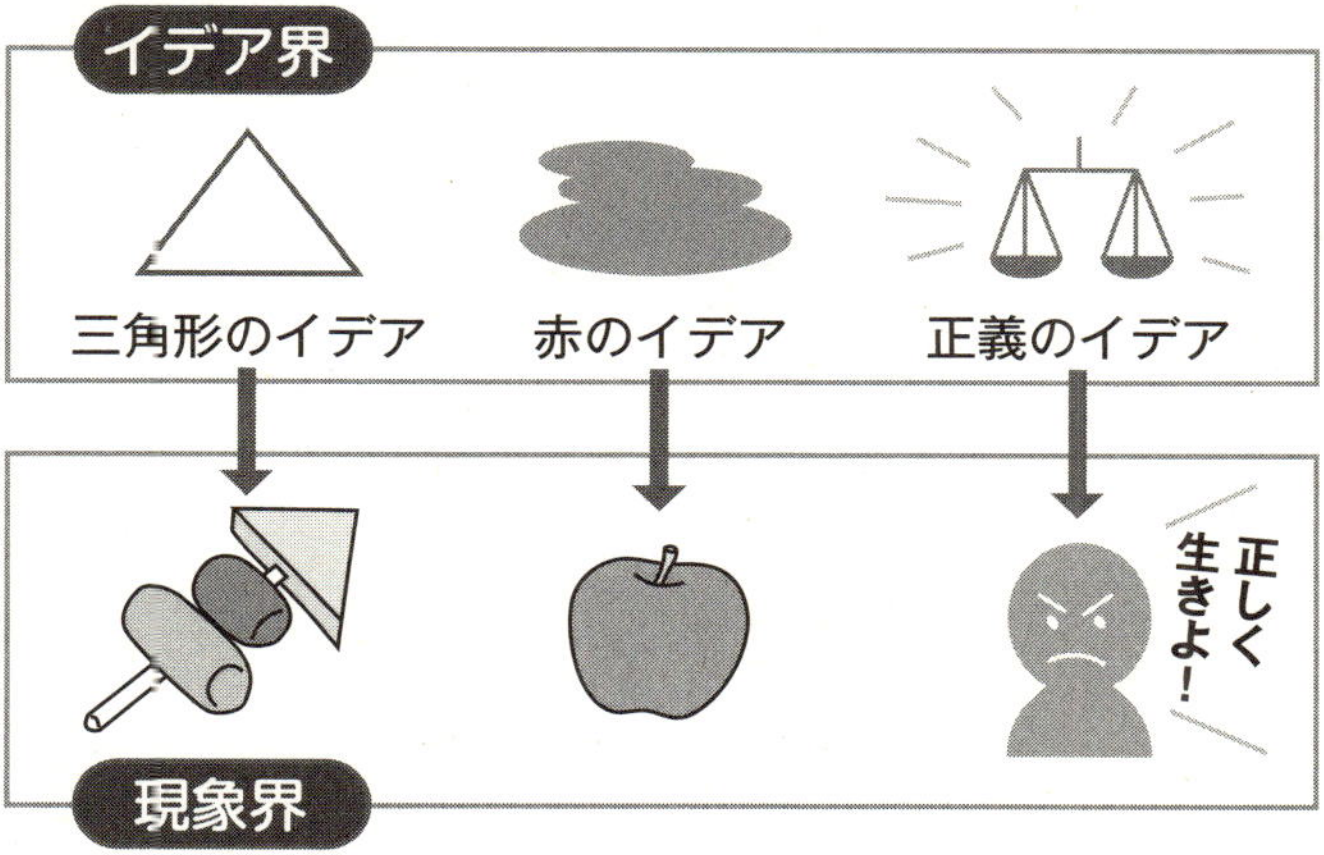
イデア界
三角形のイデア
赤のイデア
正義のイデア
正しく生きよ！
現象界

これは、ピタゴラスの「数」などをより純化して高めた考え方である。私たちは、一個のリンゴ、一輪のバラと数を数えるが、「1ってなんだろう」と考えることはしない。「1は1そのもの」である。

つまりそれが「1のイデア」である。私たちは知らないうちに、イデア的な考え方をしているのである。

だったら、そこをあえて日常生活で使ってみれば、今まで見えなかったことが見えてくるに違いない。

プラトンは数や色、相違と同一、大小や熟さ冷たさなど、ありとあらゆるものにイデアがあるとする。

そして、**私たちはそれら「ホントウのこと」**

（イデア）を見たり聞いたりできない（感覚でとらえられない）としても、考えることはできる（理性でとらえることができる）という。

何かの計算をしているときも、常にイデア界にある法則を使っていることになる。

これをプラトンは「想起」と呼んでいる。**知識とはすでに知っていることを再確認しているということ**というのだ。

パソコンでたとえるとWindowsなどのOSにあたるものが、私たちが生まれたときにすでにインストールされているのである。だから、私たちは、言語を理解できたり、科学を学んだりすることができるのだ。

人間を超えたところに宇宙の法則が実在し、それを人間が参照しているのである。まさに宇宙は巨大なGoogle検索のようなもの。

ところで、この世界は不完全な存在であるが、私たちは完全なイデアを知っているので、これを求めようとする。この気持ちが「エロース」である。

「エロース」とはイデア（理想・完全なるもの）を求めてやまない「愛」のことだ（エロい意味はない）。

だから、**人は常に設計図としての実在（つまりイデア）を求める**のである。人間は常に今よりも、より高い存在へと前向きに進もうとする理由がここにある。ダイエットしたり、フィットネスで筋肉体質になりたいと思うのも、完全なる肉体のイデアを目標としているから。

人間はあらゆるものをイデアの光のもとに判断するのだ。そこで、まず**自分の理想的なありかたであるイデアを観想する。**

そして、行動にとりかかる。理想の姿はすでにイデア界に実在しているから、それを求めて行動すればよい。

自分を変える思考のコツ

人間はつねに理想を求めて行動する。理想の姿をイメージして、日々のあり方を決めていこう。

思考の道具20

サルトル

何ものでもないからこそ自由に何にでもなれる

■人間が抱える心の亀裂とは？

サルトルの哲学は現象学（169ページ参照）である。現象学は自分の心にインタビューする哲学である。

まず、意識とはどのようなものだろうか。サルトルはこれを「対自存在」と呼んだ。これは、自己が自己を客観的にとらえてしまうという意味だ。自分で自分をもう一度見つめてしまうという感じだろうか。疲れている自分をもういちど見つめ直して、「疲れた〜」と再確認してしまう。

サルトルの用語では、これを「反省作用」という（この反省とは、「一日三回反省する」（『論語』）のような意味ではなく、自己認識作用を意味する）。

サルトルは以下のように説明する。

たとえば、自分が帽子をかぶっていて、帽子が風で飛ばされたとしよう。あわてて帽子を追っている。そのとき「私（自我）」はあるだろうか。

サルトルによるとそのとき「私」は存在しないのである。なぜなら帽子が飛んでいるときは、帽子に対する意識しかない。このとき私はない。

そして、めでたく帽子を回収して、その時初めて、反省作用が起こり、「私が帽子を追いかけていた」という関係が理解される。自我とは反省作用にすぎない。

「私」は見つめ直すと出現する何かなので、自分は自分になりきることはできない。いつも外から眺められている。

このように、**人間の意識は亀裂を生じており、自己同一できないあり方である。**

サルトルは、意識を「対自存在」と呼んだ。

石ころなどの事物は、意識をもたないから気楽なものだ。これは「即自存在」と呼ばれる。悩みもない。ただあるだけ。

だが、人間の意識は「対自存在」である以上、常に自己反省しつつ、常に悩みを持ち続ける。

刻々と変化している意識。それがむしろあたりまえ。

だから、**人は何を誓っても、それはすぐに破られ、また新たに誓いなおしていかなければならない。**

■人間は目がくらむほどの自由をもっている

結局、人間のあらゆる企ては、挫折する運命にある。サルトルは、これを無の分泌あるいは「無化」という。

意識が常に何ものかについての意識であることによって、絶えず意識されるものとの間に裂け目をつくりだすのである。

というのは、私が何かを意識するということは、同時に私をそれではないものとして意識しているからだ。

意識は自己自身を一対象としてみるかぎり、自分が自分になりきれない歯がゆさがある。ワンテンポのズレが生じるわけである。泣いている自分を見ているもう一人の自分がいたり、うれしいことがあっても心から喜べずにしらけているもうひとりの自分がいたりするのだ。

サルトルの「実存主義」とは？

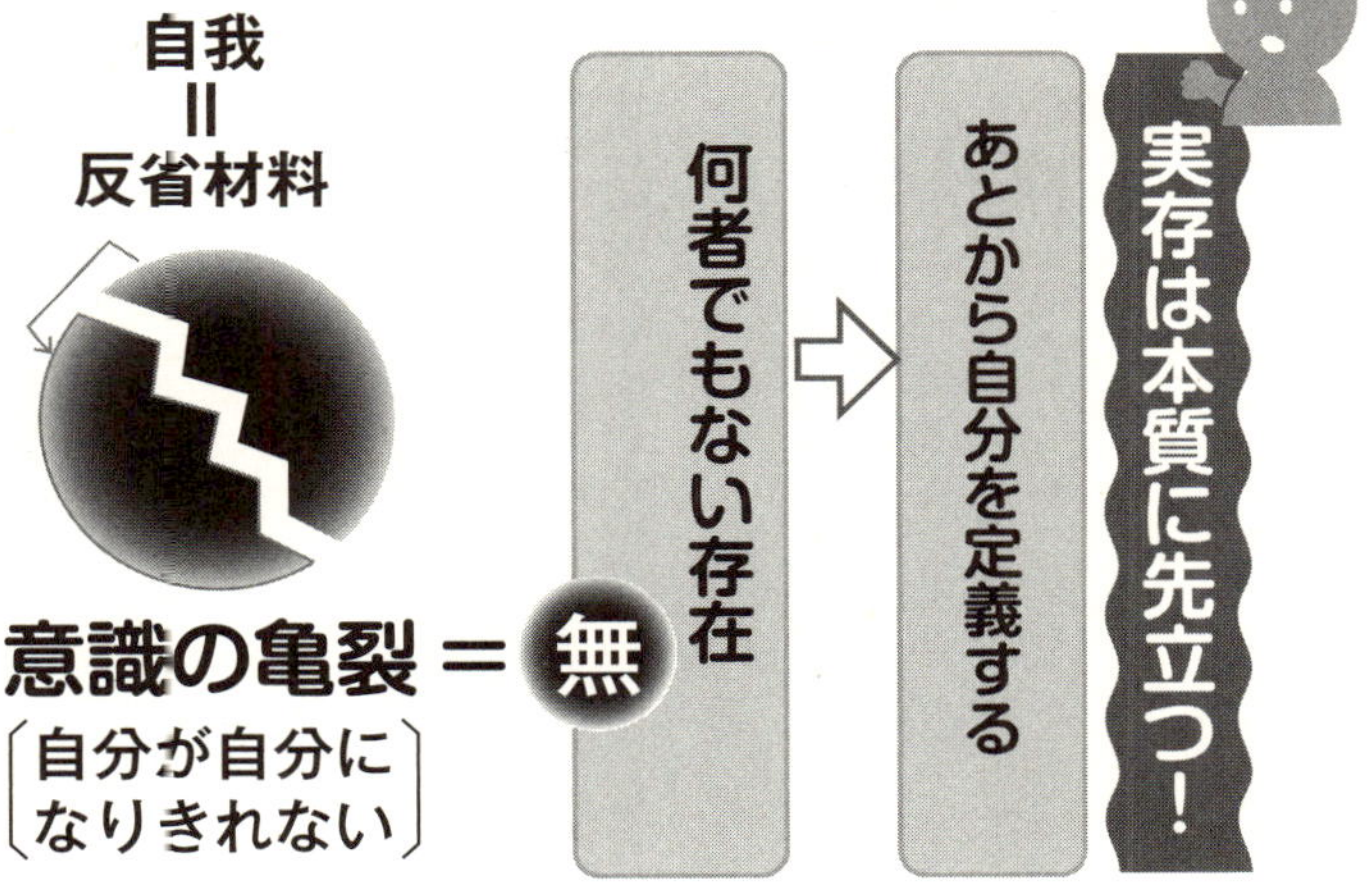
自我
＝
反省材料
意識の亀裂＝無
自分が自分になりきれない
何者でもない存在
あとから自分を定義する
実存は本質に先立つ！

サルトルは、人間が、過去としての自己、現在としての自己を否定し、これからの未来へと自己を投げ出していく「脱自的」な存在だとした。

では、人間は決意したことを実行できないのだろうか。

そうではない、人間の意識（対自存在）が無であるということは、人間は何者でもないということである。これは自由であるということだ。

サルトルは、**人間が何ものでもないからこそかえって自由である**と主張した。自分が何ものでもないからこそ、人間は今ある事実的な姿に固定されない。だから、未来を目指して生きていけるのだ。いまだ実現されていないあり方へと向け、現在を乗り越えて突き進みつつある自由をもつことができる。

ナイフのような物（即自存在）は、まずその本質（物を切る道具）を与えられてから実存（存在）する。

しかし、人間はまず突如として世界に生まれる。投げ出される。そのときは、本質は決まっていない。**世界にまず実存してから自分自身の本質をつくっていく**。

「実存は本質に先立つ」のである。これは人間が限りなく自由であることを意味しているのだ。

自分を変える思考のコツ

人間は、たえず自分を乗り越えていく存在だ。自分で自分をつくっていく。だから、不断の決意によって未来をつくりあげていこう。

思考の道具21

ウパニシャッド哲学

体のスイッチを切り替えて、心をコントロールする

■人生はちいさな輪廻転生!?

古代インドのウパニシャッド哲学では、人間の魂は永遠に不滅であり生まれては死んで死んでは生まれと輪廻し続けると信じられていた。本当かどうかはわからないが、これもまた、一つの思考法として受け入れよう。

ウパニシャッド哲学は、古代インドの哲学書、奥義書のことである。秘密の教義を意味する。

輪廻においては、魂が人間に生まれ変わるとは限らない。いや、人間でないことが圧倒的に多い。つまり、今は人間だが、来世は牛か豚か、カエルかゴキブリか何に生まれるかの保証がない。

そういった先行き不透明な生を二度三度ならず永遠に繰り返す。これは避けたいものである。古代インド人がこの地獄の輪廻から脱出しようとしたのは、そんな理由からだ。

輪廻については、実際に存在すると信じている人もいれば、私たちの日常をたとえたと考える人もいる。

私たちの人生そのものもまた小さな輪廻に似ている。朝起きて歯を磨き、満員電車に乗って学校や会社へ。ノルマ、人とのいざこざ、体の不調、満たされない欲求…、同じことが繰り返される。

まるで、一日が終わって死んで、また次の日に生まれ変わってでもまったく同じ生活という退屈さ。その上、お先は真っ暗でどうなるのかわからない。まさに、ミニ輪廻。ここでは、生と死の輪廻転生が本当にあるのかどうかは別にして、マンネリ化した生活から脱出する方法のヒントが得られればよいだろう。

その方法は「ヨーガ」(ヨガ)である。「ヨーガ」ってあの体操みたいなやつ? そう。「ヨガ」とは、もともと輪廻から脱出するメソッドだったのである。だから、**「ヨーガ」を生活に取り入れることは、人生を救うことになる**のである。

『リグ・ヴェーダ』はインド最古の文献である(紀元前1200~1000年頃)。ここには神々に対する賛美の集成だ。この『ヴェーダ』の延長線上に『ウパニシャッド』がある。

『ウパニシャッド』は奥義書とよばれ、神秘的な哲学説を記した聖典である。この聖典に、輪廻からの脱出方法が記されている。つまりマンネリの繰り返し人生から抜け出す方法だ。

輪廻の人生とは、環状線に乗っているようなものだ。ぐるぐると同じ所を回っている。では、降りればよい。それが「解脱」である。さて降りるにはどうすればよいのか。それは、すでに降りているということを悟ればよいとされる。すでに降りているとはどういうことなのか。それは環状線に乗っているということを自然に受け入れることができれば、もう降りているのと同じなのだ。乗っているのに降りているとは矛盾しているようだが、古代インド哲学ではそんな悟りをもとめる。

輪廻から脱出するとは、輪廻を生じせしめている宇宙の原理そのものと一体になってしまうことだ。さらに脱出する方法までが具体的に説かれているのである。

魂が何度も生まれ変わってしまうということは、魂は死んでも消えないということだ。これはアートマン（我）と呼ばれる。アートマンは、「自分自身」をあらわす用語だ。漢訳仏典では「我」。ヒンドゥー教では「霊魂」などの意味である。

■私は宇宙であると認識する方法

アートマンは実体（消えることがない存在）なので、永遠に輪廻を繰り返す。

日常でたとえれば、「私は私」。朝起きたのも「私」、歩いているのも「私」、働いているのも「私」。そして、寝て起きてもやっぱり「私」が続いている。「私」は「私」と切り離すことができず、常にいっしょにいる存在。同一性をもつといってもよい。消えることはないのである。

自分は、アートマンとして輪廻しているが、実は本来の自己はブラフマンなのだと認識する。ブラフマン（梵）とアートマン（我）は本来同じものであるという境地を「梵我一如」という。

しかし、これでは実感がわかない。どうやって「梵我一如」を体得すればよいのか。

そのメソッドが「ヨーガ」なのだ。そう、あの体を妙な形にねじる体操の「ヨーガ」である。どうして体をねじると解脱できるのだろうか。

『ウパニシャッド』には、ヨーガについて「五つの知覚器官が意とともに静止し、覚もまた動かなくなったとき、人々はこれを至上の境地だという。かように諸々の心理器官をか

●「体」と「心」の関係は？（ウパニシャッド哲学）

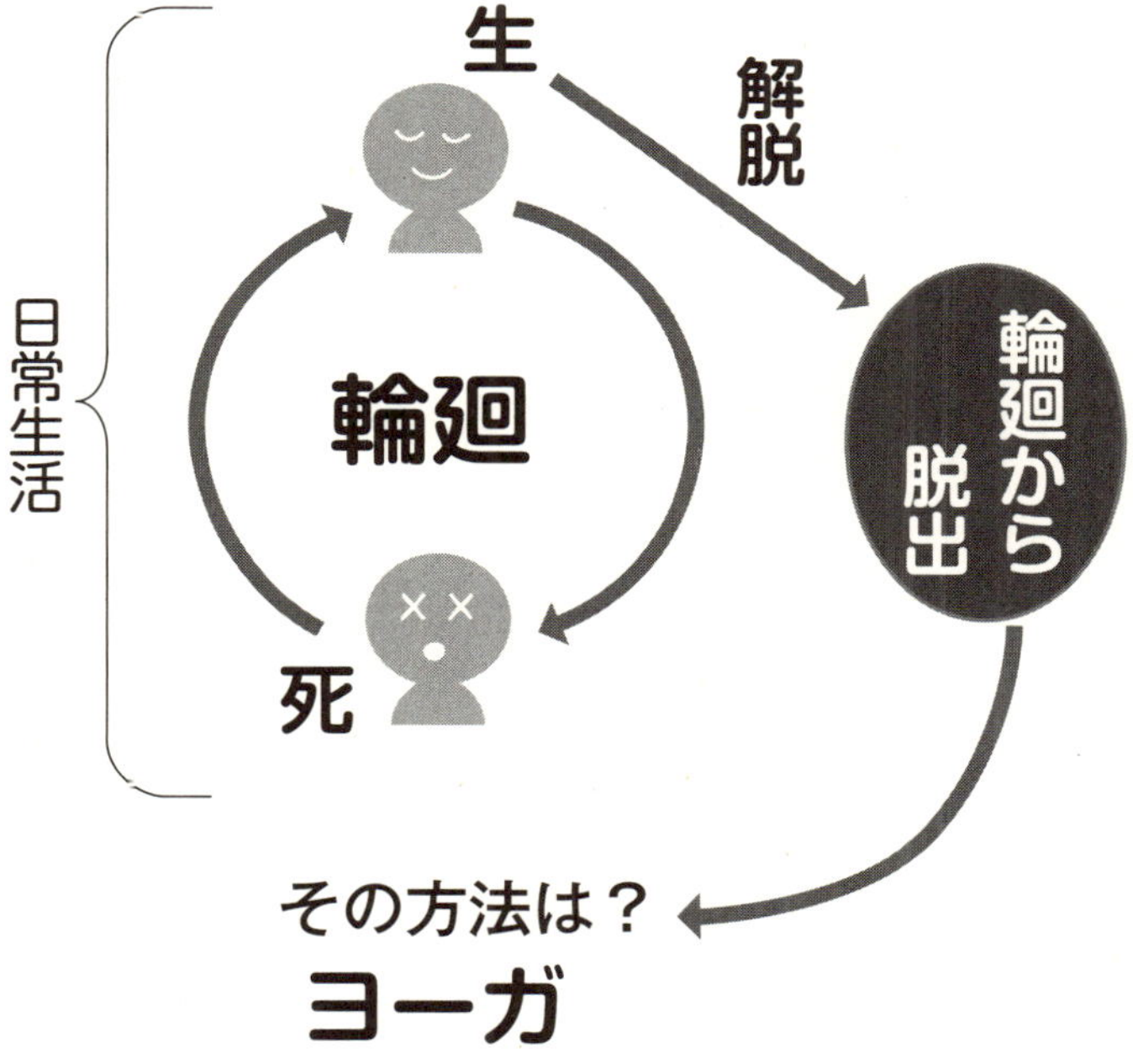

体を使って意識を変える

たく執持することを人々はヨーガと見なしている」とある。

要するに**あらゆる感覚器官や心そのものを自分でコントロールすることがヨーガの目的であり、それが精神の制御、ひいては魂の制御にまでいたる**のだ。

具体的な方法は、ヨーガ・スクールに通ったり、自宅で本やＤＶＤで実践してみると善いだろう。

基本は呼吸法である。ヘソに意識を集中して、腹をゆっくりとへこませながら十分に息をはく。そこで1～2秒とめてから緊張をゆるめ、鼻から自然に息を吸い込む。

今度は胸を拡げながらその息を胸全体に満たす（胸の下から上へ）。胸の上の方まで息が入ったら、また1～2秒息を止めておき、ゆっくりと吐き出す。これが終わったらまた、腹をへこませて吸い込みという動作を5回ほど繰り返す。

効果としては明るい気分になり、頭がクリアになる、怒りがおさまる、集中力が高まる、血圧を下げて新陳代謝を高めるなど。

こういった修行法を高度化していくと、アートマンとブラフマンが究極的には同じものだとわかり、悟りの境地に入ることができるとされる。

ヨーガにはチャクラの理論がある。これによると、**人体には七つのエネルギースポット**

があり、一連の霊的パイプ（スシュムナー）でつながっている。

1　ムーラーダーラ・チャクラ（性器）
2　スヴァーディスターナー・チャクラ（下腹部）
3　マニプーラ・チャクラ（胃）
4　アナーハタ・チャクラ（心臓）
5　ヴィシュダ・チャクラ（喉）
6　アジナー・チャクラ（額）
7　サハスラーラ・チャクラ（頭頂）

ヨーガでは、クンダリニーというエネルギーが、尾てい骨に眠っていると説かれる。クンダリニーは、螺旋・コイル・巻き毛などを意味するサンスクリット語のクンダラが語源であり、尾てい骨に眠る生命エネルギーのことだ（蛇がとぐろを巻いて眠っている姿がイメージされている）。

ヨーガを実践することで、潜在的な宇宙エネルギーがスシュムナーを通り抜けて、チャクラを次々と通り抜ける。そして、最後に男神シヴァが鎮座する頭頂のサハスラーラ・チャクラに達し、完全な解脱がなされる。

これを成就するためには、心身共に浄化されていなければならない。だから、様々なアーサナ（体位）によって、背骨をまっすぐに矯正し、食事制限によって体をクリーンにする。すると、**意識状態が宇宙レベルにまで高まり、日常生活の輪廻的なあらゆる繰り返しが、そのまま宇宙そのものと感じられるようになる。**

宇宙に畏怖の念をもつようになり、感謝にたえない生活が実現される。

ようするに、**外側を変えるのではなく意識を変えればよい**のだ。これは他の哲学でも同じである。ヨーガは心と体は一体であるというアジアの思想を根底におき（西洋では霊肉が二元論になりやすい）、世界をトータルにとらえるのだ。

自分を変える思考のコツ

体のスイッチを刺激することで意識が変容する。意識が変容すれば世界が変わる。すべてがうまくいくようになる。

Step 4

他人との関係を通して考える

——人間関係編

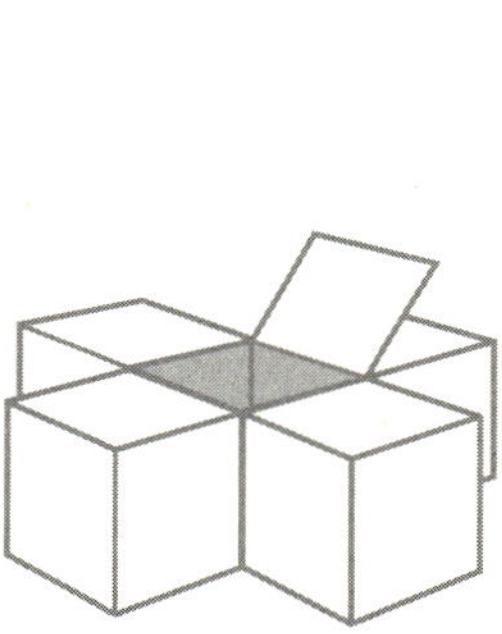

思考の道具22

「顔」をつうじて、他者を受け入れる

レヴィナス

■私は実は真っ暗な個室のような世界にいる

他者は私にとって無限の存在である。神秘である。

なぜなら、私と他者の共通する上位概念が「人間」であると言ったとき、その視点は、私が密かにタワーから「私」と「他者」を見下ろすようなものである。

このような仕方でしか他者をとらえられないということは、逆に考えれば、**私と他者はまったく接点がないあり方をしている**ということがわかる。

他者を自分の内部に取り込んで理解することは不可能であって、たとえば友人が「腹が痛い」と言っても、理解はできるが、その痛みをそっくりそのまま分かち合うことはできない。友人の体験を自分の内部にそのままコピーすることはできないのだ。

●レヴィナスの“モノの見方”とは？

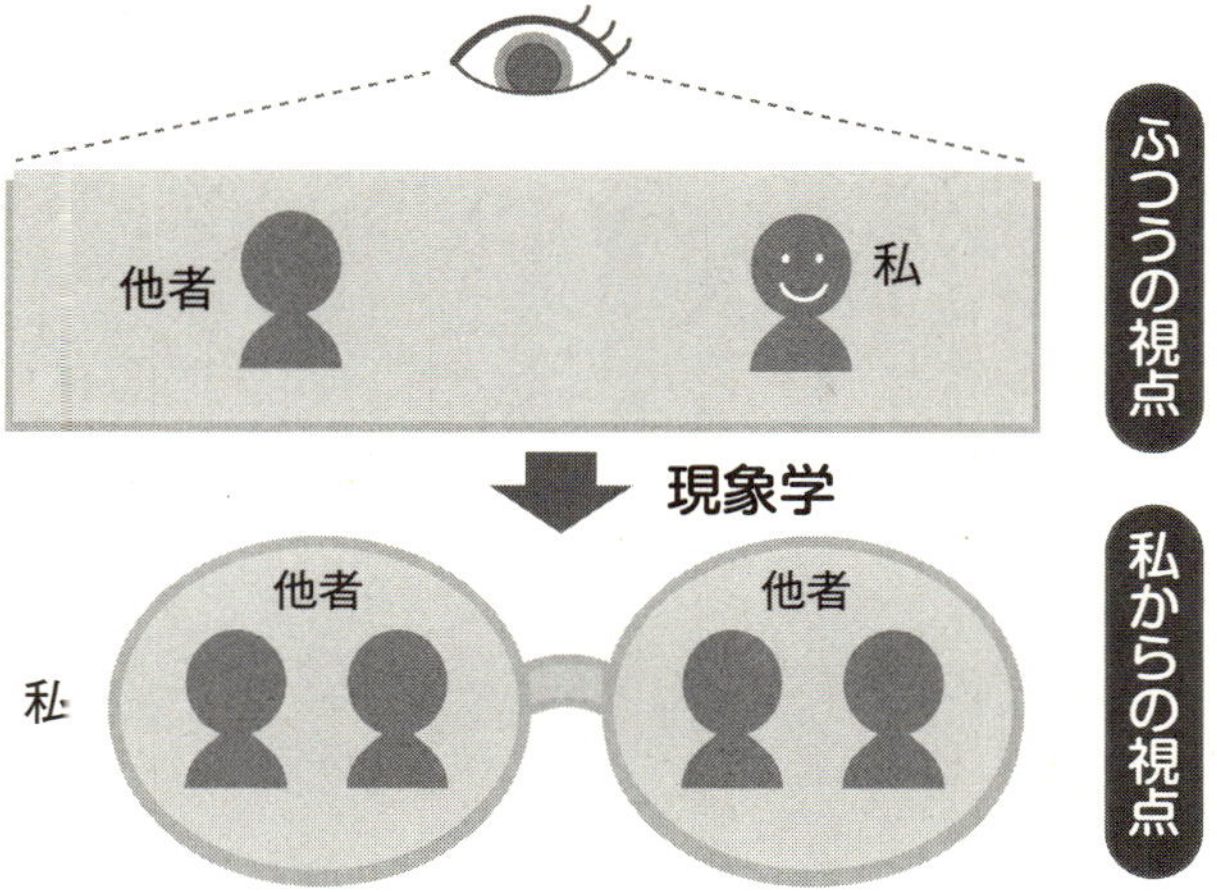

だから、私はいつでも孤独だといえる。私は他の誰とも交換できない存在だ。それは自分という部屋から出られないような状態かもしれない。

フランスの哲学者レヴィナスは考えた。私が存在することを直視すると、ただ「存在する＝イリヤ（ilya）」という無意味が顕わになってくる。というのは、自分の中のどこを探しても自分しかいない。

現象学的還元（169ページ参照）の末に、出現したのは「ただ存在する」＝イリヤ（ilya）という真っ暗闇だったのだ。それは単に存在して活動する何かだが、自分でもなんだかわからないものだ。存在の根底にあるただ「ある」だけの無意味さである。

一人、暗闇のなかで、目を閉じてじっとすわってみよう。そこには何者でもない底なし沼のような「ただある」が感じとれるに違いない。

だから、「私」が他者を理解するのは限界がある。「君の考えには賛同できない」「じゃあここで分かれよう」ならまだいい。離れられないような状況で、完全に自分のコントロール外の他者を、自分の思うがままにするために暴力に走る場合もあるのだ。そして、レヴィナスによると、他者を絶対的に否定することの究極の行動は「殺人」なのである。「殺人」こそは、自分とは全く違う存在であり、全く理解不可能な存在である他者を、自分の思い通りにする究極の終着点なのだ。恐ろしいことである。

■自分は他者がつくってくれている?

普通は、自分がいて他者を認識していると思っている。そして、自分が主人公だと信じている。だが、よく考えると他者と出会うとき、「私」という自我は完全な受け身である。他者はいやおうなしに立ち現れる優先的存在なのだ。テレビを見ているようなもので、あらわれてくるのだ(現象)。

自分は自分の力だけで存在しているように思えるが、実は他者がなければ、そもそも「私」

という自覚さえ生じない。**人間は自分一人で生きているのではなく、それどころか他者によって私が受け身的に存在させられている**ことがわかってくる。

他者の存在は神秘だ。自分と切り離された存在だから、何を考えているのか、感じているのかわからない。だからこそ、他者と面と向かって対峙することが大切だ。レヴィナスは、**他者の「顔」との出会いから人は孤独から抜け出すことができる**という。

レヴィナスによると、顔と顔の対面する状況で私に関わってくるまなざしは「汝殺すなかれ」と呼びかけてくる。「顔」は懇願であり命令であるという。世の中物騒なことが多いが、そこに「顔」というメッセージがあるかぎり、ちょっと軽はずみな行動を差し控えてもらいたいものだ。

自分を変える思考のコツ

メールやネットだけでのつながりも必要だが、他者と対面して対話することで、親密な人間関係がつくられる。

思考の道具23

他人のことを、自分のことのように理解する方法

メルロ・ポンティ

■私と他人は本当に分かり合えないのか？

私と他者の間には、浸透が絶対に不可能な壁がある。私の「痛み」は他人には伝わらないし、逆に他人の「痛み」は私に直接的に伝わってくることはない。自分が映画の客席に座っていて、他者はスクリーンに映っている映像のようなもの。もちろん、現実には双方向性がある。けれども、自分の痛みが相手に伝わらず、相手の痛みは自分に伝わらない。「私」と「他人」が絶対的な一線を引かれた別個の存在であるという考え方は、主観と客観という古典的な図式に由来している。確かに、見ている「私」（主観）と「見られているもの」（客観）というシャープな分け方はわかりやすい。

この考えを推し進めると両者は完全に分かたれているのだから水と油のように交わりよ

●メルロ・ポンティの身体図式とは？

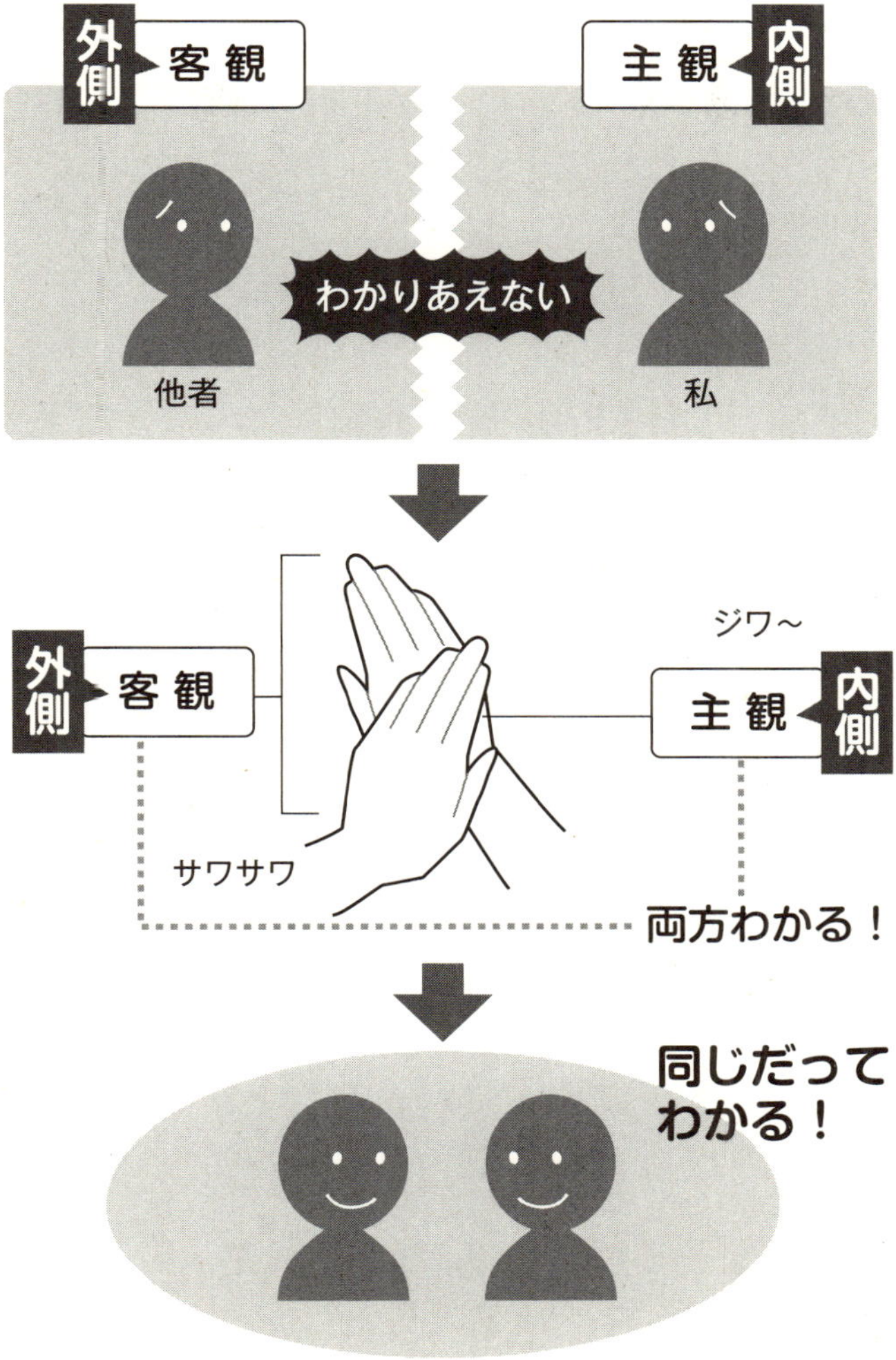

うがない。「わたし」と「他人」はしょせん分かり合えないということになってしまう。そんなアトム的な（個々バラバラな）古い考え方から抜け出すにはどうすればよいのだろうか。それには現象学（169ページ参照）をもちいればよいのである。

■身体図式で他者の気持ちがわかる

メルロ・ポンティというフランスの哲学者は、フッサールの現象学を発展させて「身体の哲学」について考えた。テーマは「体」。哲学は、なんにでも応用できるのである。

「私」の前に開かれている世界（現象野）には、コップ、テーブル、テレビ、ケータイ…などなどいろんなものが現れる。しかしそれだけではない。自分の手、腰、足などもコップと一緒に見える。つまり、自分ではない物体と、自分の体が視野の中に入っているのだ。あたりまえのようでけっこう不思議なことではないだろうか。

というのは、コップを触っても、コップの内側（コップの気持ち？）は伝わってこない。だが、私が自分の右手で自分の左手に「触わる」とき、逆にその左手が右手に触れ、それを「感じている」という身体図式がある。つまり、身体は、客観的存在かつ主観的な存在なのである（これは、何度か実験してみるとしみじみわかってくるので、物を触った後に自分の手を触るという行為を繰り返すとよいだろう)。

だからこそ、私たちは他者と「握手」することで、相手の気持ちが伝わってくるのだ。なぜなら、他者の手を「見る」だけでも、そこにリアルな他者がいて、その人もまた内側に心があることがわかってしまうからだ。

私が生きている空間は私の身体によって方向づけられた空間であり、それは身体の行動可能性によって決められた状況の空間性であると言える。

座標空間の中にコップと私がバラバラに存在しているのではない。私がコップを握るというように私の身体との関係としての空間がある。

このように身体図式によって私は身体空間を生きているのである。**他者を理解するのは頭だけではない。身体的なふれあいから、すでに相互の浸透関係ができあがっている**のである。

自分を変える思考のコツ

人間は確かに精神的存在だが、身体をもっていることを忘れてはならない。体なしにはなにもできない。触れ合うことによって人間関係は緊密になる。

思考の道具24

「出会い」は取り替えのきかない貴重な一瞬！

ヤスパース

■人間が避けられない限界状況とは？

「あなたは何者ですか？」と聞かれて、「はい、炭素の塊です」と答える人はいない。自分の内面について語ったり、自分の社会的な立場について語ったりするにちがいない。人間は物質として物理学によって、また単なる生物として生物学によってのみ説明されるものではないのだ。

よく「自分のことは自分が一番よく知っている」と言われるが、それは、外側からではなく内側からとらえられるからだろう。外側からみた科学的な方向以前に、内側からみた主観的な自身の姿の方が手に取るようにわかる。ドイツの哲学者ヤスパースは、「現に生きているこの誰でもない私（＝実存）」について追求し、その視野を広げていった。これをヤスパースは「実存開明」と呼んでいる。

もちろん主観だけがあるわけではなく、ちゃんと客観も存在する。世界が夢幻であるわけではない。主観と客観は切り離すことができない。これらを全部ひっくるめたものを「包括者」という。

ところで、人は一定の状況のなかで生きていくが、そこには「死」、「苦悩」、「闘争」、「罪責」という避けることのできない限界状況がある。社会の中で生きていく際に、この限界状況から逃げることはできない。

まず「死」はどうしようもない。「苦悩」なしの人生も無理だろう。「闘争」はなんとかすれば避けられるような気もするが、ヤスパースによるとそれも無理なのである。たとえば、ある人が部長の地位についたということは、誰かが部長になれなかったことになる。別に本人は戦っているつもりはなくとも、実はこの世は戦いなのである。「罪責」も同じく知っていても知らなくても罪を犯しているものだ。

となるとやはり**「死」「苦悩」「闘争」「罪責」はどうにも逃れられない「限界状況」ということ**になる。こういった**人生のギリギリ断崖絶壁状態を通して、人はだんだん世界のことがわかってくる。**

■人との出会いは「実存的まじわり」

実存（私のこと）は、単独では存在することはできない。実存は、他の実存（他人のこと）とともに、他の実存を通じてこそ視野が開かれていく。

人と人が出会うとき、そこに取り替えがきかない（代替不可能な）交わりが出現する。

実存間の交わりは、互いに代置が不可能な人と人の間においてのみ生じる。取り替えがきかないというのは、一回限りの人生だからだ。近所の公園に行くだけだったら、明日も明後日も同じことの繰り返しかもしれない。けれども、今日、誰かとたわいのない会話をしたとしても、それは明日には再現することはできない。同じ人と同じ会話を繰り返すことはないだろう。

それは前もってリハーサルしておいたり、タイムマシンのようにもとにもどすことはできず、その都度に一回限りのぶっつけ本番の性格をもっている。ユニークなその瞬間が人と人との出会いである。

もちろん、この実存的な交わりにおいては、さまざまな相手との相違により、すれちがいも出てくるだろう。このとき、つきあうのが面倒くさくなって、一人になりたいと思う

●ヤスパースの「実存的まじわり」とは？

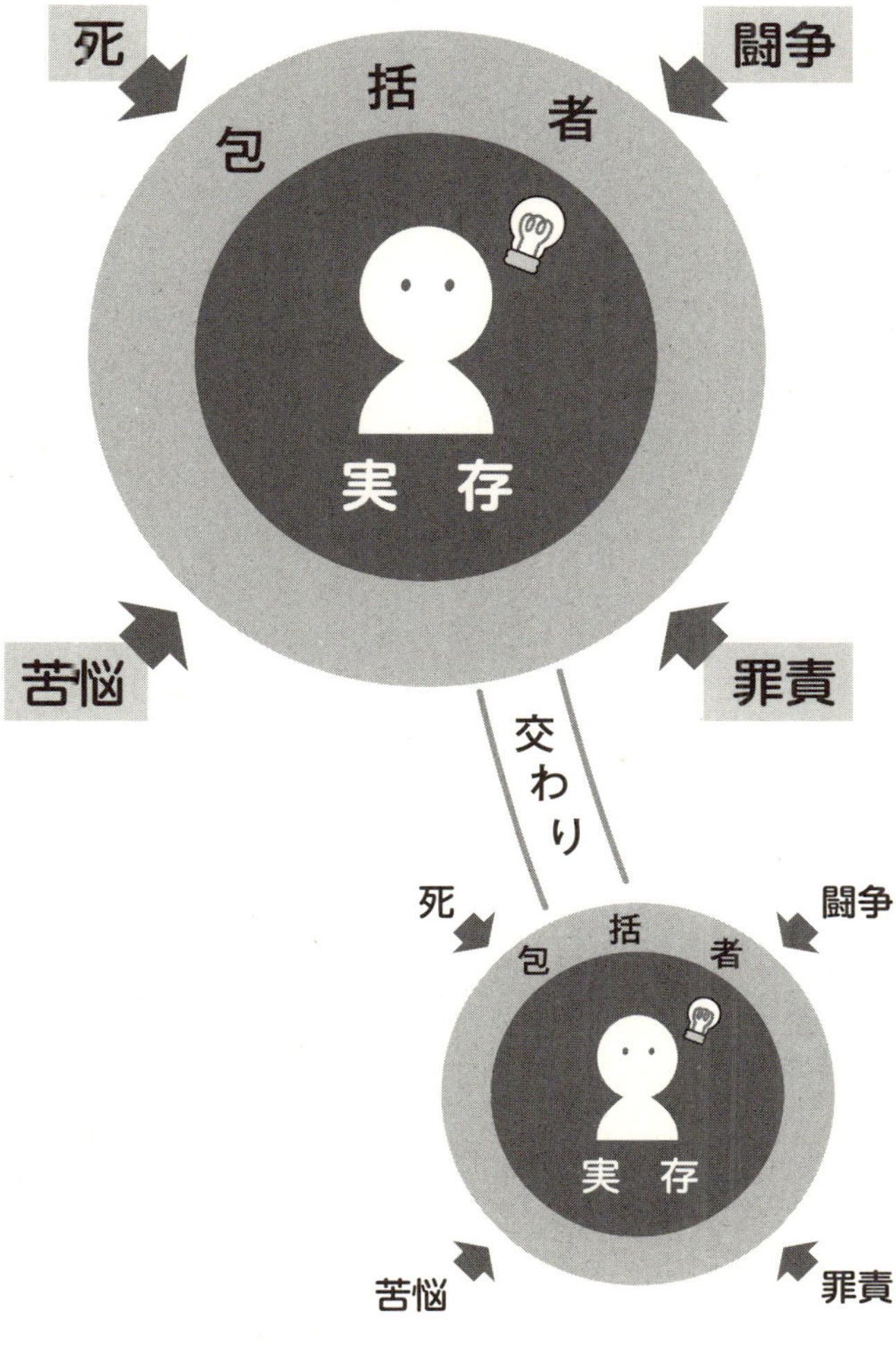

死
闘争
包括者
実存
苦悩
罪責
交わり
死
闘争
包括者
実存
苦悩
罪責

時があるかも知れないが、そこは忍耐の時である。徹底したクリアな心で、それぞれの実存（人間）に共通した真実を追求するべきなのだ。

相互に理解するには理性のはたらきが必要である。理性の働きは、ともすれば独りよがりな確信に盲従しがちな実存に、その限界を自覚させる。

理性があるからこそ人と人が閉鎖することなく、交わりつつ共通の了解を語り合うことができるのだ。

ヤスパースは言った。

「真理はふたりからはじまる」

引っ込み思案で、人と会うのが苦手という人も、あえて自分を限界状況において、人と交わりながらお互いに高めていくのがいいだろう。

自分を変える思考のコツ

人生には乗り越えられない壁があることを直視しよう。その上で、視野を広げていく。それには、人との交わりが欠かせない。

思考の道具25

「まなざし」を通して積極的に他人と関係をつくる

サルトル

■人と会うのに疲れてしまうときがあるのはなぜか

他人と会うのが苦手である人がいるという。相手から傷つけられたり相手を傷つけたり、めんどうなことが多いとか、自分が他人にどう見られているかも気になるなどの理由があるらしい。

数人で話し合っている時も、自分だけ気の利いた話ができなくて、孤立しているようなむなしさを感じる人もいる。

自分は承認されていないと悩み、自分の考えを誰も理解してくれないと悩む。一人になったときにも、自分の失敗をフラッシュバックのように思いだし夜眠れなくなる。あのとき、あんなことを言わなければよかった、今だったらもっと気の利いた対応ができたのにと後悔する。

フランスの哲学者サルトルによれば、他者から「まなざし」を受けるということは、私が見られている物（対象）に変化することである。

人間は意識をもつ存在（132ページ参照）だが、他人からみれば、物体のような対象（即自存在）となってしまう。どんな人でも他者の「まなざし」を受けると緊張する。

私は自由な意識をもった存在であるが、私にまなざしを向ける他者も自分と同じような自由な意識をもった存在だと感じる。

他者のまなざしによって、私は自由な「対自存在」であることを失い、物としての「即自存在」になり変わってしまう。

つまり、他者からまなざしを受けるとき、私は自分が対象化されて物になってしまうと感じるのだ。**誰かに見られる時の緊張は、誰か＝対自存在（自由な意識）の中において自分が即自存在（物）と化している不気味さだったのである。**

■他人にまざなしを向けなおし積極的な行動にでる

他人の視線が気になるのは誰にとっても同じである。では、他人にまなざしを向けられ、そのまなざしに支配されてしまった自分は、どのようにしてそこから逃れて自由を取り戻すことができるのだろうか。

それは、**逆に相手に「まなざし」を向け返せばよい**のである。これは、自分も意識ある存在（対自存在）であるのだと必死に抵抗することなのだ。まなざしによって「即自存在」＝物になりそうになった私は、まなざしを向け返す。

人間関係は、このように絶えず相互に「まなざし」を向け返し合う「相剋」の状態である。

人間関係は自己アピールの連続だ。生きていく以上、この人間関係のにらめっこから抜け出すことはできない。

このように他者の「まなざし」にさらされながらも、自分の行為を投げかけていかなければならない。

それに、**人間の行為は、ただちに他人の「まなざし」、すなわち吟味と批判にさらされる**ものだ。

人間関係は、自由な主体同士の関係である以上、この「まなざし」という「相剋」のまっただ中にある。だから、積極的に人と会うことが必要なのだろう。

自分を変える思考のコツ

自分と同じ意識をもった他人が、自分を見ていることで、対象化されてひるんでしまう。自分の方から他人に「まなざし」を向けて、受け身の気分から脱却しよう。

Step 5

新しい「枠組み」で考える
——モノの見方編

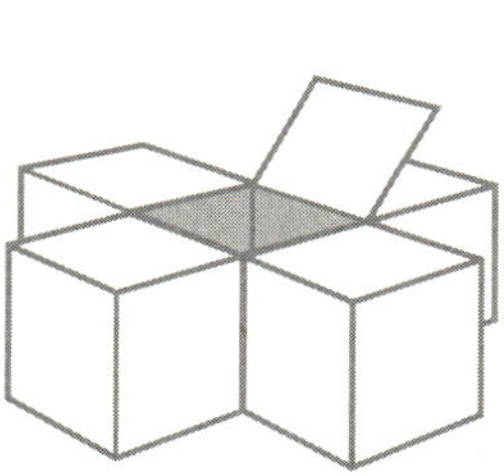

思考の道具26

それは本当に解決すべき「問題」なのか？

ウィトゲンシュタイン

■言語の限界が世界の限界

ウィトゲンシュタインの著した『論理哲学論考』の形式は面白い。今で言う、ワープロソフトのアウトライン形式をとっている。

一　世界とは生起していることのすべてである。

一・一一　世界は諸事実によって、しかもこれらが全ての事実であるということによって、決定されている。

一・一三　論理空間における諸事実が世界である。

このような連番式になっており、最後の**「七　語り得ないことについては、人は沈黙せねばならない」**まで続いていく。その内容は、論理と論理形式から始まって、数の概念、因果について、哲学の目的、独我論、倫理と宗教、生きることの問題などに展開していく。

ウィトゲンシュタインは、言語と世界には共通の構造があるとした。言語と世界は、いわばコインのように切り離すことはできない。だから、言語によって理解されるものこそが世界であると考えられる。

私たちは先に世界が独立的に存在していて、そこに言語を貼り付けているように思っている。だが、現代哲学では、世界そのものが言語（記号）であるという立場をとる。

言葉が世界を正確に写しているとするならば、言葉の使い方を分析すれば世界を正しく捉えているかどうかが明らかになる。

ウィトゲンシュタインは、『論考』によって哲学の問題はすべて解決されたと確信した。世界と言語の関係を明らかにし、正確な言語表現（論理学）に基づいて、過去の哲学を分析したわけだから、ギリシア時代からの哲学問題がすべて解決されたと豪語したのだ（あとからそうではないことがわかったのだが、とりあえずいったん解決はした）。

■インチキ命題とは何か

世界と言語は完全にシンクロし、言語は論理学の記号化で完全に表現されるという。世界の出来事のパターンはすべて論理学の記号化（命題）で表現されるのだ。なんだか言語が数学みたいになってしまうのである。

では、ある人が「世界はなぜあるのか？」と哲学的な質問をしたとしよう。ウィトゲンシュタイン的に答えれば、「世界」や「存在」というものは現実の「像」としてありえない。だから、これら観察の不可能な事象について、意味のある命題をつくることはできない（正しく言語化できない）。よって、**「世界はなぜあるのか？」という問い自体に意味がない**。

つまり、私たちが常日頃疑問に感じている「世界の存在」「人生の意味」「死後の世界」「神の存在」などなど近代までの哲学が真剣に取り組んできたあらゆる質問が無意味だったのだ（これも本当かどうかは、現在のところまだわかっていない）。

六・五二一　生の解決を人が認めるのは、この問題が消え去ることによってである。

もし、あなたが「自分の存在意義がわからない」とか「真実って何なんだろう？」、「な

●「言葉」と「世界」の関係は？

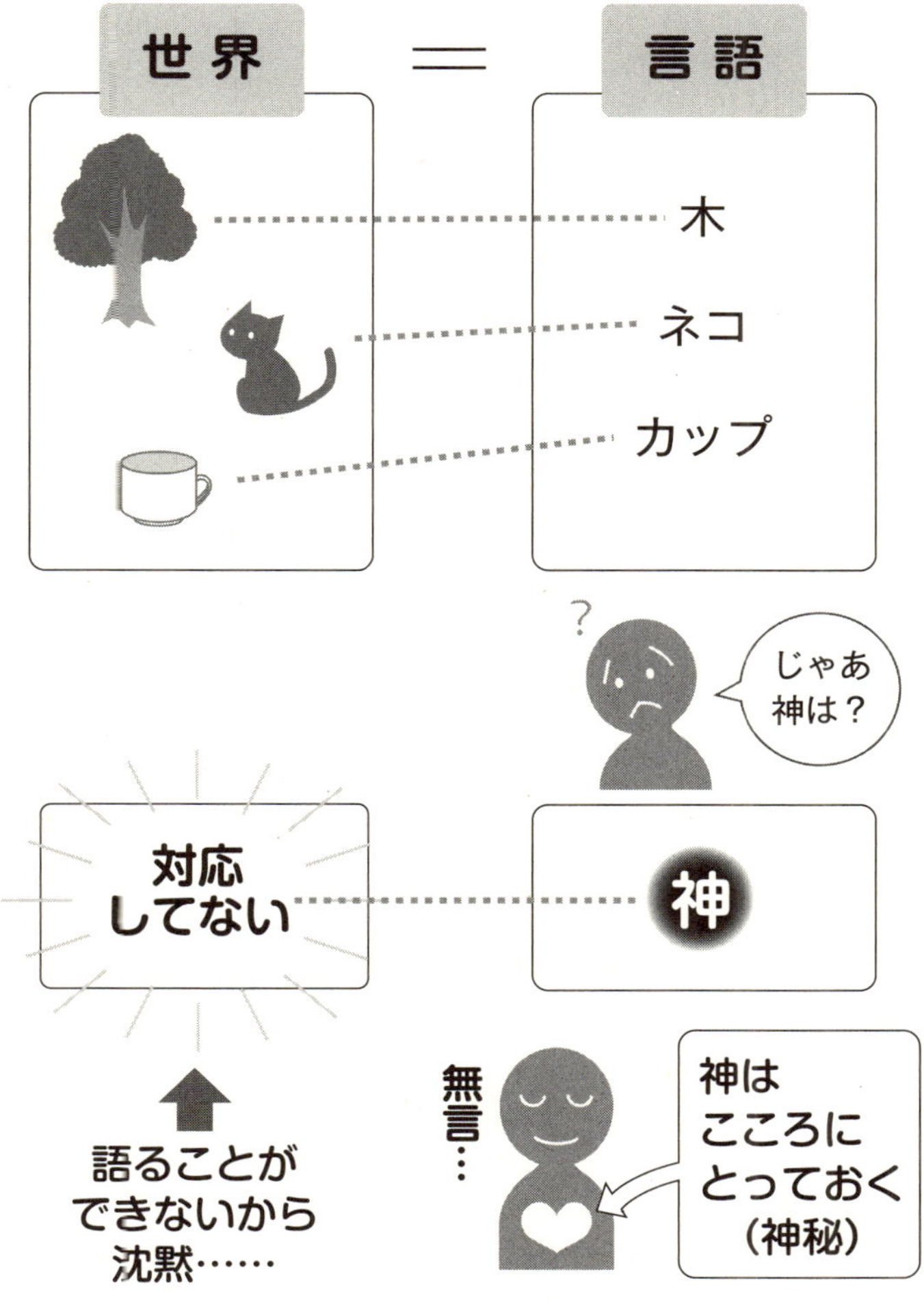
世界
＝
言語
木
ネコ
カップ
？
じゃあ
神は？
対応
してない
神
語ることが
できないから
沈黙……
無言…
神は
こころに
とっておく
（神秘）

んのために生きているんだ？」と悩んでいたら、『論考』の論理によれば、「質問自体に意味がないから答えもない」となる。よって**「語れないことは沈黙」することにより、すべての問題が解決される**のである。

これは、今までの哲学の盲点的なアプローチで、悩んでいた問題そのものが無意味だから解決してしまうという画期的なものだ。元も子もないといえばそうなるが、疑似命題（インチキ命題）について考えるのは無駄であることは確かだ。論理は世界を満たしているので、世界の限界は論理の限界でもある。だから、私たちが考えることのできないことを、私たちは語ることもできない。それが「沈黙する」ということなのだ。

ただ、ウィトゲンシュタインは、「語れない内容」は心の中でとっておくべきだと考えていたようだ。「愛とは何か？」なんて論理で語るのではなく、ジワジワと自分の内面でわかっていればよいのである。彼は、「語れないものは神秘なのだ」と考えていたのだ。

自分を変える思考のコツ

くよくよ悩んでいてもしょうがない。悩みのもととなる疑問が無意味な内容でないか確認しよう。語ってもしょうがないことをゴチャゴチャ言うのはやめよう。

思考の道具27

物事をクリアに考えるための保留のすすめ

フッサール

■まず、判断を中止せよ！

人間は「本当のこと」を追い求める。「本当のこと」が自分の外側にあり、これを正しくとらえることを真理だと考えている。これは、デカルト以来の主観・客観図式（24ページ参照）として説明されてきた。しかし、この図式はまるでカメラによって対象を写し取ろうとするような行為にたとえられる。となると、主観が客観を正確に言い当てているかどうかはわからない。ブレたりピンぼけしているかもしれないのだから。

では、厳密な学としての新たなアプローチの仕方はどのようなものだろうか。それは現象学である。

現象学は、ドイツの哲学者フッサールが創始したとされる。現象学の方法は、**私たちの**

もっている自然的態度をまず括弧にくくって、判断中止（エポケー）し、世界をありのままに見ることからはじまる。自然的態度とは、客観的世界を無反省にありのままに存在すると考える態度。世界がありのままに実在するとする素朴な考え方。この自然的態度を変更し、世界の存在を括弧に入れて（判断中止・エポケー）、そこにあらわれる意識を観察する。こうすると世界の意味がわかってくるのである。これを現象学的還元という。事物に対する意識の関係を抽出するための方法だ。

たとえば、従来の自然的態度においては、正面に机などさまざまな物があった場合、自分と隔てられた空間にそれが存在していると考えている。

だが、机やその他が外にあるのかどうかは保留して、意識の中身だけを眺めれば、もはや「外側の事実と私の知識が一致しているかどうか」という主観・客観図式にとらわれる必要はないのだ。

普通、私たちは、まず意識があって、外側の情報が流れ込んでくるように思っている。空の箱にボールが詰め込まれていくようなイメージだ。だが、空の箱、すなわち何も中身のない意識などあるだろうか。意識があるということは必ず中身もあるのだ。だから、意識はいつも何かを志向している（これを志向性という）。バナナが目の前にあれば、私の

●フッサールの「エポケー」とは？

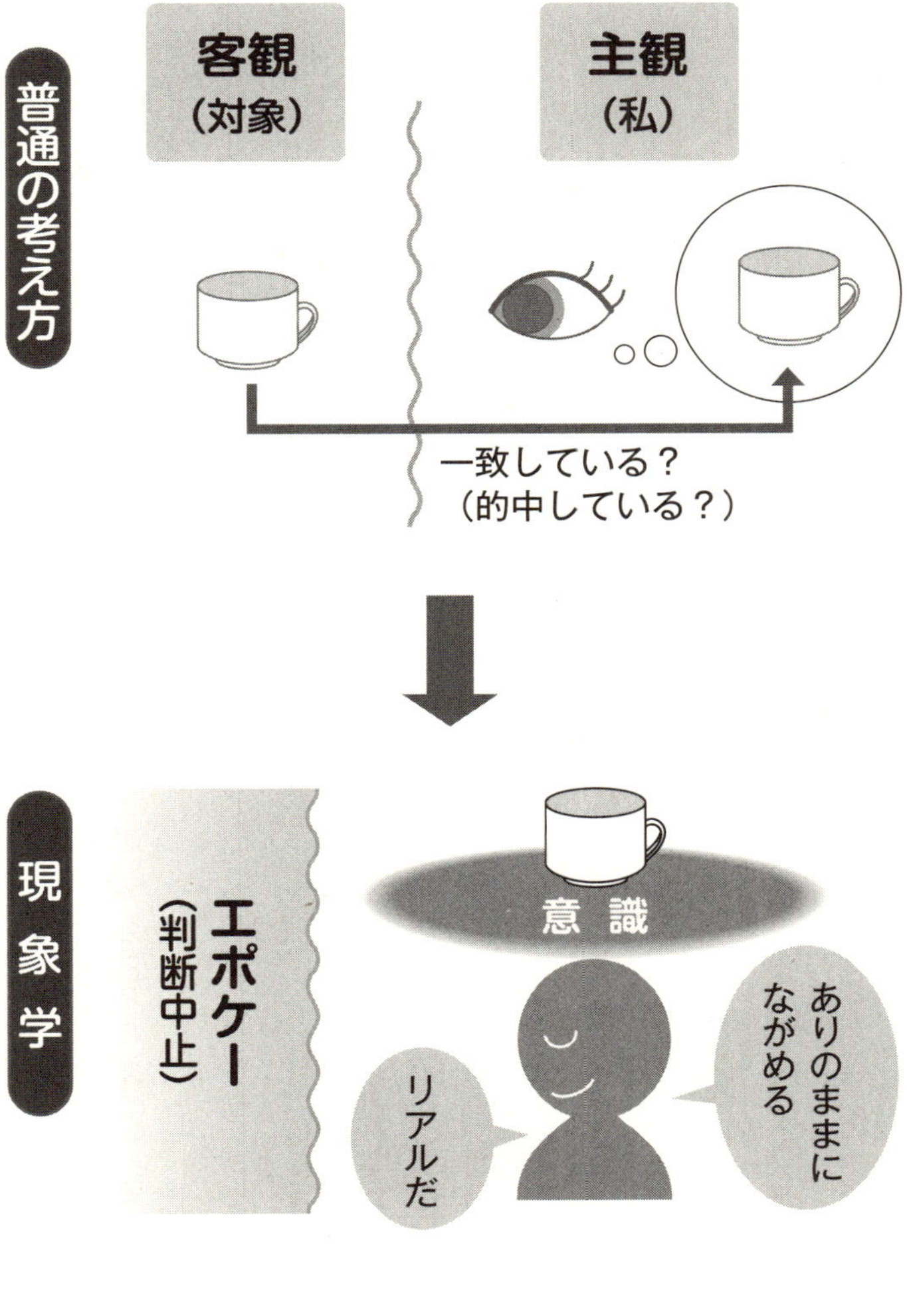

意識の流れは「バナナ」なのである。

けれども、「バナナ」のあとに「ミカン」がくれば、今度は「ミカン」の意識になるが、これでは、私の意識はフルーツが単に流れていくというブツ切れ状態だろう。だから、意識には自ら流れていくにもかかわらず、統一的にまとめている作用があるのだろう。つまり、**外の世界が私たちの心にカメラのように写し取られているのではなく、私たちが内側から意味づけしている**のである。私たちは心のプロデューサーだったのだ。

■学ぶということは、ミステリー！

プロデューサーである私たちは常に世界に意味づけを行っているわけだが、これをフッサールは細かく分析した。分析しすぎてややこしくなりすぎて、自分でもわからなくなってしまったところもあるらしい。

とにかく、私たちの意識にはさまざまな体験を統一して意味を与えるという作用が働いている。この意識の作用をノエシス、また、「ペン、机、コップ、ノート」などにあたるものをノエマ（事物）と呼ぶ。たとえば、机について言えば、「足が四つある」「平らな板がついている」「ここでものを書くなどの作業をする」などの意味があってこそ机と言えるのである。

従って、自然的態度においては、私たちは物に囲まれていると思っていたわけだが、現象学的還元の後では、「意味」に囲まれているととらえ直すことができる。

ところで、私たちは行ったことがなくても、エベレストが存在すると確信している。また、見たこともないのに、物質は原子で構成されていると深く信じているなどは、すべて意識が意味づけしている結果である。つまり、なんらかの妥当性（確信）をもつことで、私たちは「これが本当のことだ」とそのつど理解している。従って、**世界というのはミステリーのように、さまざまな秘密の領域をもっている**のである。その秘密は自分の心の中にあるのだ。

自分を変える思考のコツ

まず、思考を中止して、世界をありのままに観よう。すると、すべてが意識の上に現れていることがわかる。次に自分の意識を観察してみる。すると新たな真実がみえてくる。真実は心の内側にあるのだから、自分自身を信頼しよう。

思考の道具28

何といっても「考えること」が究極の幸せだ

アリストテレス

■何のために生きているのだろう

人間が幸福を求める存在であるのは言うまでもない。しかし、何が幸福なのかは、人それぞれだ。「こうすれば幸福になれる！」と言い切るのは難しい。

だが、古代ギリシアの哲学者アリストテレスは、「人間は生まれながら知ることを欲する」と説き、**「哲学」をすれば「幸福」になれる**と断言したのである。

哲学をすると頭が痛くなって不幸になるのではないだろうか。そうではない。古代ギリシアでは、哲学とは、考えることでいろんな知識が身につくことを意味していた。つまり、学ぶことは楽しいというようなことなのだ（当時の哲学は、生き方も自然科学もすべて哲学だった）。

アリストテレスは、なぜそうなるのか、論理的に説明している。

人間はロゴス（logos）をもっている。ロゴスとは、理性、理由、原因、説明、秩序など広い意味をもつ。これは、感覚的な能力に対して、概念による思惟能力のことだ。

また、動物が本能に従った生き方をするのに対し、人間が義務の意識をもって本能・欲望を抑えた行動をとるという意味でロゴスを理性的行為と呼ぶ場合もある。要するにロゴスとは、「考える能力」と「がまんする能力」である。

アリストテレスによれば、この**ロゴスを働かせれば最高の真理である宇宙の原理そのものに接触することができる**。それが、人間にとっての幸福なのだ。

アリストテレスは、人間のすべての行為は、「ある一つの善いもの」をめざしていると説いた。つまり、「～のために」という目的に向かって行為をしているわけである。

たとえば、「テストで高得点をとるために勉強をする」とか「給料をもらうために会社にいく」などは「～のために」という形式をとる。

だが、アリストテレスはこんなことで満足してはいけないというのだ。何か善いものを求めてある行為がなされるのは、さらに別の善いものをめざすことになる。

「テストのために勉強をする」「いい点をとればいい大学へいける」「いい大学へ行けばい

い会社に就職できる」「いい就職ができれば、給料が高くなる」「お金があれば、おいしい物が食べられて、いい家に住める」…。こうやって、最後は死ぬ。「で、結局、人生ってなんだったの？」となるわけだ。

■死ぬまで楽しめるのが哲学だ

アリストテレスによると、目先の快楽を目指して、「～のために」と行動していると結局、全体がなんのためかわからなくなって、ただの堂々巡りとなってむなしいと言っている。欲求の目標が満たされても、次々と欲求が出てくるのだから、追われるように生きていくことになる。結局は無目的なよくわからない人生で終わってしまう。

では、私たちは何を目的に生きればいいのだろうか。それは、**それ自体が楽しく、無尽蔵に欲求が満たされていくような究極目的をめざしていればよい。**

「～のために」というものを次々と追求していき、これをつきつめていくと、これ以上のものはないという終点があるのだ。「幸福はなんのため？」と聞かれても「それは幸福であるため」というように、終点となる。その無尽蔵の楽しみがわき出してくる出汁のもとのようなものが「哲学」なのである。かめばかむほど味わいが出る。

●アリストテレスの「観想的生活」とは？

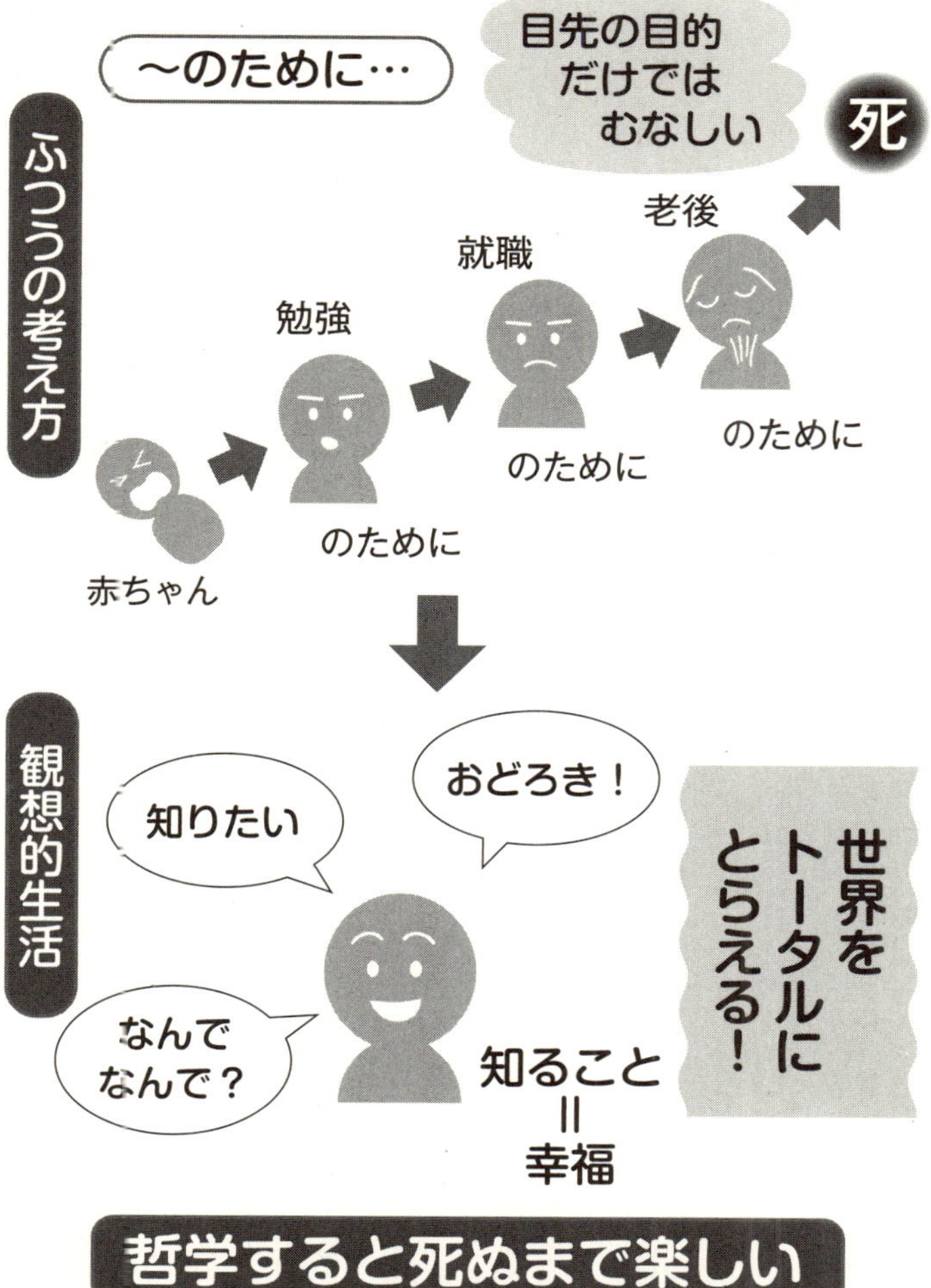
ふつうの考え方
〜のために…
目先の目的
だけでは
むなしい
死
赤ちゃん
勉強
のために
就職
のために
老後
のために
観想的生活
知りたい
おどろき！
なんで
なんで？
知ること
＝
幸福
世界を
トータルに
とらえる！
哲学すると死ぬまで楽しい

もちろん、哲学と言っても机にしがみついて勉強することだけを指しているのではない。**日常生活で「なんで？　なんで？」とあらゆることに興味をもって、考え抜く**のである。これが「観想的生活」と呼ばれる最高の幸福なのだ。**存在の真理を知り、これを眺めることを喜びとすることをくせにすれば、死ぬ瞬間まで楽しめる**わけだ（なにしろ死ぬことを考えるのも哲学だから）。

こういう哲学的な生活をする癖をつけると、なんでも目新しくなるので、常に驚きが生じるようになる。

「この絵はなんできれいなの？　色ってなんなの？」「この料理はなんでこんなにおいしいの？　そもそもおいしいってなに？」というような感じだ。

また、身の回りの道具について考えをめぐらすのもよいだろう。現代に生きる私たちは、車や電車が走っているのは当たりまえ、携帯電話をもつのもあたりまえ、コンビニで必要なものが買えるのもあたりまえである。だが、そこに費やされてきた歴史的なテクノロジーの重みを考えると、誰もが驚嘆する。まるで魔法のような世界に生きているのである（ちなみに、２５００年前にアリストテレスがあらゆる学問を整理したことを端緒に、様々な自然科学が枝分かれして、現在に至った）。

日常生活で、語学に興味をもつのもよし、コンピュータのプログラミングに興味を持つのもよし、経済の仕組みを勉強するために株のトレードをやるのもよし。要するに**すべてが「知ることを欲する」ためであり、それが人生最大の幸福**だと言えるだろう。

高級車、高層ビル、高級ワインなどをめざす生活もよいかもしれないが、もっと身近なところに楽しみがあるのだ（それも考えるだけだからけっこう安い）。

自分を変える思考のコツ

何にでも興味を持って、自分の好きな分野を極めていこう。それらはすべて勉強であり趣味である。あらゆる物事に驚くべき発見がある。それに意識を向ければ幸福になれる。

思考の道具29

空の思想

ヴァーチャル空間で自由に生きる

■大乗仏教の根幹にある思想

仏陀入滅後の仏教教団は、弟子が教え（教典）と戒律をつくることにより守られていった。

保守的な上座部と進歩的な大衆部の二つに内部分裂した教団は、後に前者が小乗仏教、後者が大乗仏教という形で流れていく。

小乗仏教の特徴は、出家主義であり、修行してもある程度の悟りは開けるが、仏陀にはなれない。

一方、大乗仏教の思想家たちはわれわれ凡人でも、修行によって仏陀と同じレベルの悟りが開けると考えた。

私たちにとっても、そっちの方がとっつきやすい感じはする。だが、なぜ出家もしていない凡夫が悟りを開けるのだろうか。

それは、大乗仏教の根幹には「空」の思想があるからだ。あらゆる物質は縁起の法によって、様々な原因結果の網の目の結果として存在している（75ページ参照）。よって、物質は固定的・永久的に存在するものではないし、物質の本質はない。だから、私たちは修行によってトランスフォーマーできるのである。

空の思想を発展させたのは、竜樹《ナーガールジュナ》（150頃〜250頃）である。

縁起は相互依存をあらわすのだから、当然その本質・実体は存在しないことになる。竜樹はこれを「自性がない」とし、「空」であると解釈した。「空」は「無」ではないが、否定的なあり方であって、この見地からすると何かが「有る」という考え方は間違っている。だから、目の前にあるコップやら机やらは、私たちが認識したとおりに「有る」わけではない。

当時、小乗仏教の学派に「説一切有部《せついっさいうぶ》」が存在していた。上座部系の思想で、過去・現在・未来の一切の法が実有である（そのままアーカイブ的に存在する）と説く部派だ。人間の心理現象も含めて、あらゆる世界は多数の構成要素から成り立っている。我々の現象世界は無常であるが、これを成り立たしめている法（ダルマ）は自己同一を保っているという。

この学派はあらゆるものにそれ自体備わる特性が保持されているという立場をとる。しかし、竜樹は「空」の立場から「説一切有部」を批判した。この世界に生じたり滅したりするのは、何かが有るからではなく、「空」だから可能なのであって、私たちの日常的な実在感は捨て去るべきなのだ。

目の前にいろいろな物が生じてまた消えていくのは誰にでもわかる。だが、空というハイレベルな角度からみると、それは生まれることも滅することも、汚れることも清くなることも、増えたり減ったりすることもない（不生不滅《ふしょうふめつ》　不垢不浄《ふくふじょう》　不増不減《ふぞうふげん》）。

花が枯れても、空の境地からすれば同じ事である。眼・耳・鼻・舌・触覚・意識に対応する目で見る物質、耳で聞く音、鼻で感じる香り、舌で感じる味、様々な身体的感覚、心に行き交う考え、これらすべては刻々と変化する縁起の渦にあるのだから、ずっと変わらないということはない。

外側に絶対的にあると思っていた世界が、実はありのままではない。**世界は仮の姿であり、いわばヴァーチャル空間**なのである。

●そもそも「空の思想」とは？

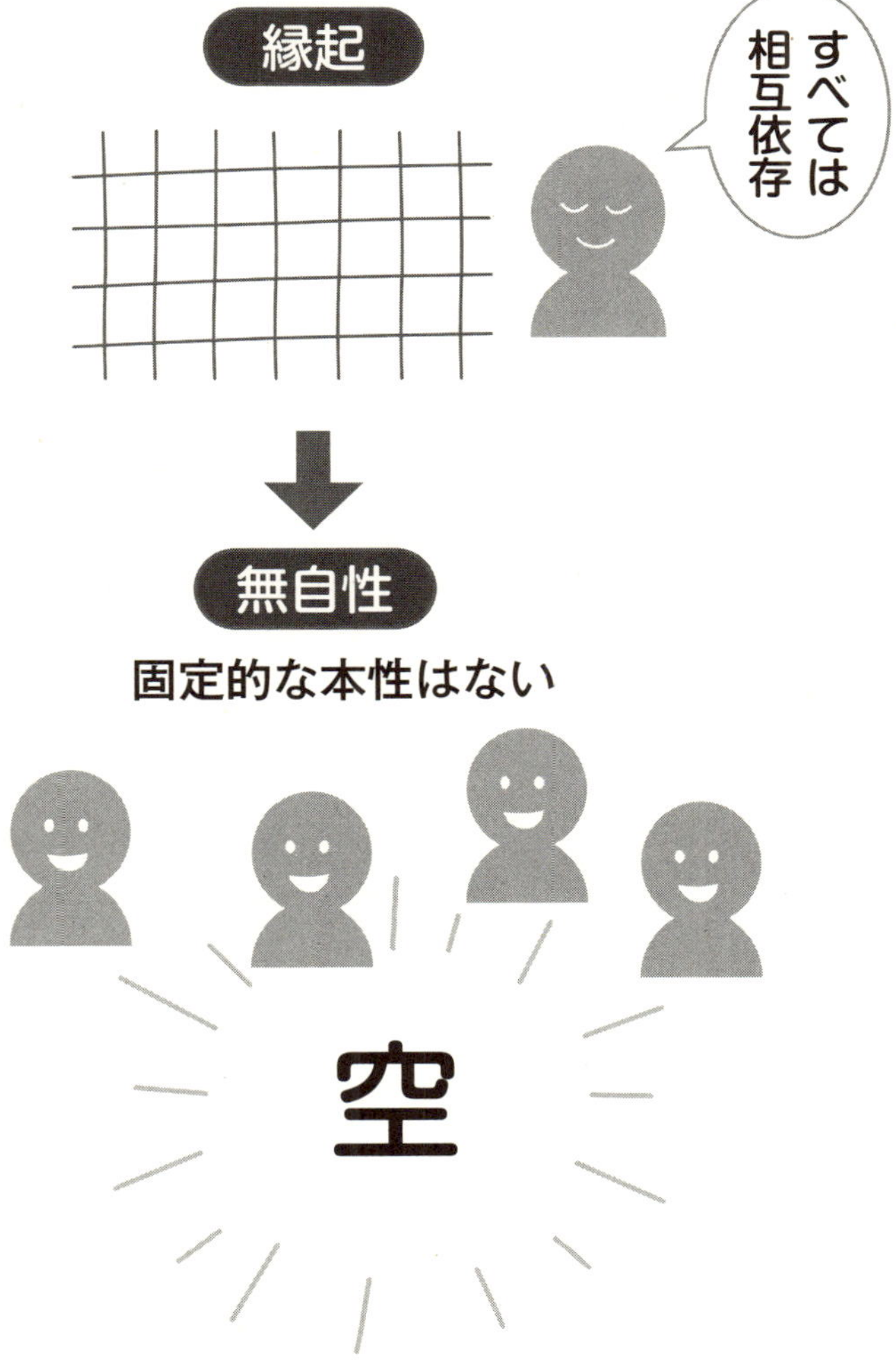

■私は変わることができる！

空の境地からすると、自分も含めてあらゆる生成消滅は仮の姿にすぎない。私たちの感覚もまたそれは本当のものではなく幻影なのだ。となれば、**日常で、思い悩んでいることのほとんどは、なにかの勘違い**ということになる。別にそれは実在していることではなく、仮の姿にすぎないのだ。

たとえば、「自分は無能力なダメ人間である」とか「しょせん最後は死ぬんだし意味はない」とか「この先いいことなんてない」と心底落ち込んでいる人がいたとする。この人は、知らないうちに、「この世には変えることのできない本質・実体がある」という哲学説を唱えているのだ。

すなわち「私＝ダメ人間」という同一性は永遠に変えることはできないという強力な哲学である。

しかし、空の境地からすれば、あらゆるものに固定的な本質はない（無自性である）のだから、**自分はこれこれと決まっているものではない。だからだれでも変身できる**わけだ。「私は罪深い人間だ」「私はもてない人間だ」「私は醜い人間だ」「私は年老いている」「私はどうせ死んでいく」などなどすべてが思い込みである。

空の思想を体得することで、根本の迷いはなくなる。また、迷いがなくなって悟りを開くというわけでもない。トータルに考えれば、すべては同じ事である。だから、老化しているようにみえても、本当に老化しているわけではなく、死んだように見えても本当に死んでいるわけでもない。というよりそんなものは最初からない。空という高いステージから世界を眺めれば、わざわざ悟りを得る必要そのものがないのだ。

自分を変える思考のコツ

すべての存在は「有る」のでも「無い」のでもなく「空」である。この世界は実在でもなければ、幻想でもない。自分も同じく、今のあり方が真実でもなければ幻想でもない。トータルに生きよう。

思考の道具30

自然哲学

基本にもどって物事をシンプルに考える

■複雑な物事を解きほぐす方法

ギリシアの哲学は、宇宙の根源（アルケー）は何なのかという疑問から始まった。それ以前は、太陽はアポロンの神が司り、海はポセイドンの神が司るというように、神話によって世界の成り立ちを説明していた。

初めて、理系的な側面から、世界の成り立ちを考えてみようと考えた人々があらわれたのだ。科学的な思考法の始まりといってよいだろう。

この宇宙の根源としてのアルケーを探求する学を自然哲学といい、アルケーを追い求めた一群の人々を自然哲学者という。

私たちの世界は変化に満ちているし、様々な物であふれている。けれども、それらを何か一つの原理で説明しないと都合が悪い。哲学は世界が何でできているのか、どのような仕組みになっているのかという一つの正しさを追い求めることから始まったわけだ。

変化する世界の中に、絶対に変わらない原理があるのではないか？　こうした考え方は、現代では自然科学で扱われることとなった。けれど、どうしても哲学でしか考えられないことが残る。

それは、「正義とは何か」「善とは何か」「自由とは何か」などの問いだ。これはギリシア時代から始まって、現代の私たちにも問いかけられ、未だはっきりと答えが得られない内容だ。

哲学の祖と呼ばれているタレスは、「万物の根源は水である」と唱えた。これは文字通り、すべてのものは水によってできているということ。草木、動物、人間にいたるまですべては、「水」が変形したものだ。現代ではそれが誤りであることは誰でもわかっている。今でいう「素粒子」のようなものを「水」と言っていたのだから、一つの原理から世界を説明するという態度は変わっていない。

また、自然哲学者・数学者のピタゴラスは、万物の原理を数と考えた。「水」よりもより抽象性のある原理だ。さらに、ヘラクレイトスは「万物は流転する」と説いている。この世界は川の流れのように、一瞬も止まることがない世界であるから、人は、同じ川に二度入ることはできない。

世界が変化をするのはあたりまえ。だが、「なぜ変化するのか？　そもそも変化などしない方が自然なのではないか？」と根本的な問いを発する。あたりまえのことをあえて考えることが哲学である。

■思考のレベルを大きな集合へと向けること

すべてのものは変化する。仏教でいえば諸行無常（75ページ参照）。この万物流転説と正反対の万物静止説を唱えたのが、エレア学派のパルメニデスだ。これはまた現実離れのような思考法で、彼の考えは、**「あるものはあり、ないものはない」**という言葉で集約される。確かに「ある」ものが「ない」になったりしないし、「ない」ところから「ある」が突然出てくるはずはない。0から1は生まれない。

ということは、変化しているように見える出来事は、実はすべて錯覚であって、本当は何も減りも増えもしていない。物が飛んでいても実は飛んでいないという常識はずれの結論が導かれるのだ。

●「自然哲学」は現代にどう活かされている？

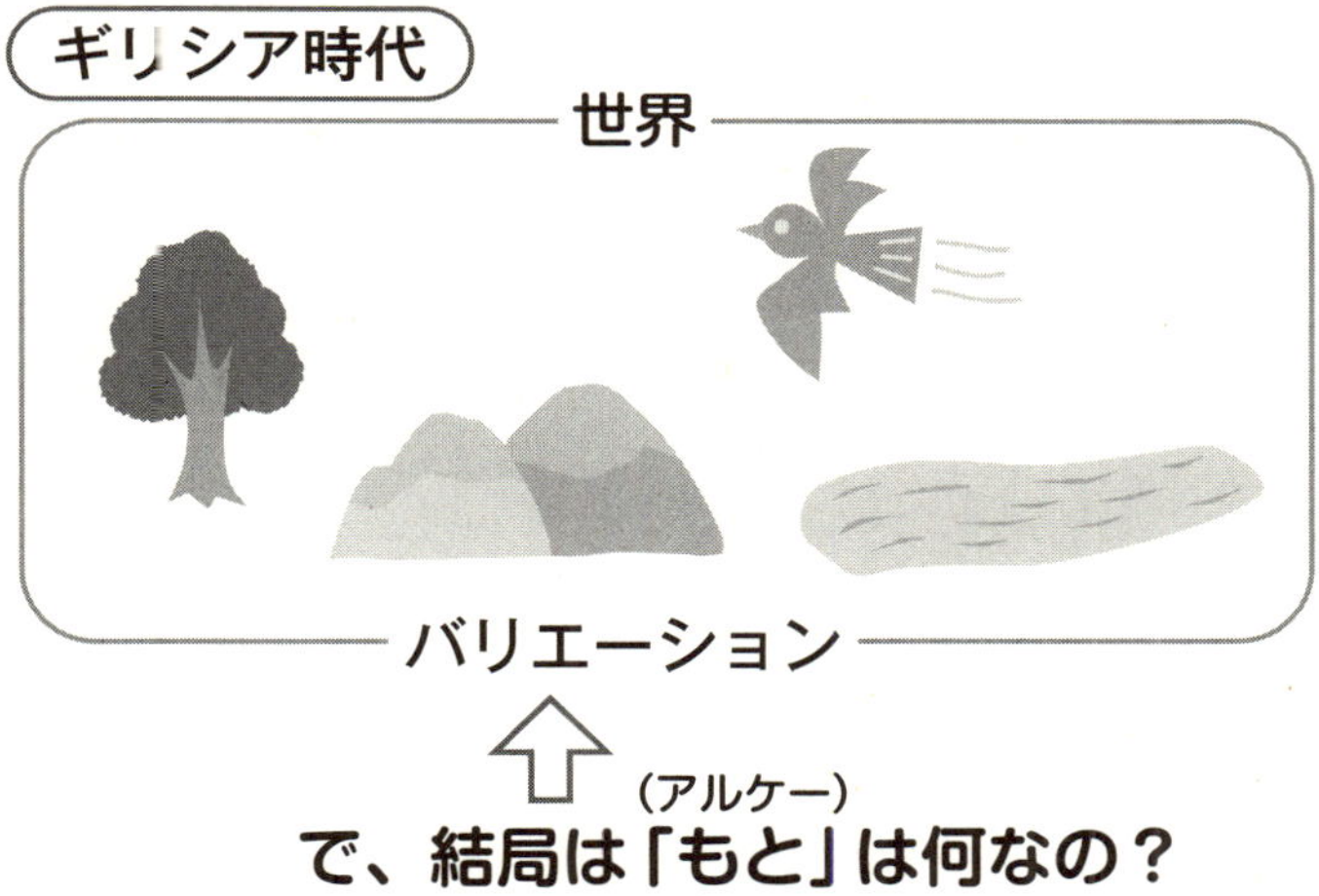
ギリシア時代
世界
バリエーション
で、結局は「もと《アルケー》」は何なの？

現在では…
素粒子
エネルギー

たとえれば、これは、現代科学の「エネルギー保存の法則」のようなもの。消えてしまったように見えても、それは本当になくなってしまうわけではない。「ある」ものはずっとあり続けるし、また「ない」ものからは何も生まれない。この世界は「ある」以上、「ない」にはならない（現代物理学では、その宇宙も0になるという説、またビッグバンが起こって膨張と縮小を繰り返すなどの説がある）。

また、自然哲学者のデモクリトスはすべてが原子によってなりたっているという原子論（アトム論）を唱えた。すべての物質は原子が組み合わさって出来ている。現代科学の考え方を先取りしている。

こんなことを、ギリシア人は2500年も前に考えていた。考えただけで、原子論がわかってしまったのだ。

私たちも**物事が複雑になったら、集合レベルを一つ上へ、また上へと持ち上げて考えると良い**だろう。「椅子」「机」「衣類」「コーヒー」「ドーナツ」などの一つ上が、「生活品」。「生活品」と「犬」「ネコ」を一緒にすれば、「無生物と生物」さらに、「物体」とひとまとめにできる。「物体」と「うれしい」「たのしい」など「感情」があれば、一緒くたにすると「物体」と「精神」。これをまとめるには、「物体の変形形態」（唯物論）、あるいは「精神の変形形態」（観念論）にもっていってもいいし、「物体」「精神」をひっくるめて「存在」

にもっていってもよい（最終的な概念はたいてい「存在」になる）。

こうして、**日常生活で思考の抽象化をする練習をする。そうすると、突拍子もないアイディアが浮かんでくる**のである。

自分を変える思考のコツ

多様な世界を抽象的なレベルに引き上げて、すべてに共通する概念を作り上げる練習をしよう。

思考の道具31

思考の枠をいったん外した上でモノを考える

フーコー

■非常識な角度から観察する

私たちは狂気というものがいつの時代にも存在したかのように思っている。狂気と正常という基準が最初から決まっているように感じて、線引きをしているのだ。

「これは正常、これは異常」。

日常で、ちょっと人と違うことをすれば、「変だよ」とディスられる。歩調を他人に合わせて、びくびくしながら生きていく。

ちょっと落ち着きがなければ「ＡＤＨＤ」（注意欠陥多動性障害）だとか、少し気分が落ち込めば「うつ病」じゃないかとかの取り越し苦労。なんのことはない、それは単なる個性だったりする。

フーコーによれば、狂気というものは、理性との関係で、歴史的に形作られていったものだ。**狂気が先にあるのではない。社会が狂気を規定し、意味づけしている。**病気や病人の扱い方にそのまま社会のあり方が反映されるのである。

フーコーは狂気がいかにして社会から排除されてきたかについて、その排除の仕方の歴史的変遷を示した。

西欧社会において中世までは、狂気の人は神から遣わされた者として、常人と区別されずに共存していた。たとえばプラトンにおいては、狂気が「神懸かり」のような状態であり、神が人間の意識を訪れたしるしであると考えられた。狂気の人が崇拝される時代だった。狂気には人を魅了する要素があった。理性を失った狂気の人の目は、純粋だと考えられたのである。

もし、私たちが「狂気」を治さなければならないという常識にそまっているのなら、すでに頭がカチカチになっているということ。**哲学でまったく非常識な角度から、物事を観察する**べきだろう。

フーコーによると、ルネサンス期には狂気が悪徳であるとみなされつつも、狂気が理性に内在するものとして考えられていた。狂気と理性の歴然とした差はなかったのである。

シェイクスピアの『リア王』やセルバンテスの『ドン・キホーテ』に描かれた狂気は、人間の中にあるすべての悪を支配する一つの力のように考えられた。

けれども、一般社会になじんでいた狂気の人が、17世紀中頃になると貧民、色情狂、犯罪者らとともに施設に監禁されるようになる。こうして線引きが始まる。これが、狂気が精神病という「病気」に移行していく歴史だ。

■もっと自由に考える

1656年に絶対王制によってパリに一般施療院の設立が布告され、ここに狂気の人が閉じこめられるようになった。これは医療施設ではなく牢獄と変わりなかった。狂気は非理性として排除され、もはや狂気と理性の接点はなくなった。白黒はっきりしてしまったのだ。

その後、18世紀末からは、狂気の人の扱いは保護施設という制度にまかされた。こうして、狂気は精神医学の学説に支配されることになる。狂気と正常の線引きははっきりとなされた。

このように、私たちが病気と考えている精神病は、フーコーによれば、医学がつくりだ

●フーコーの“逆転の発想”とは？

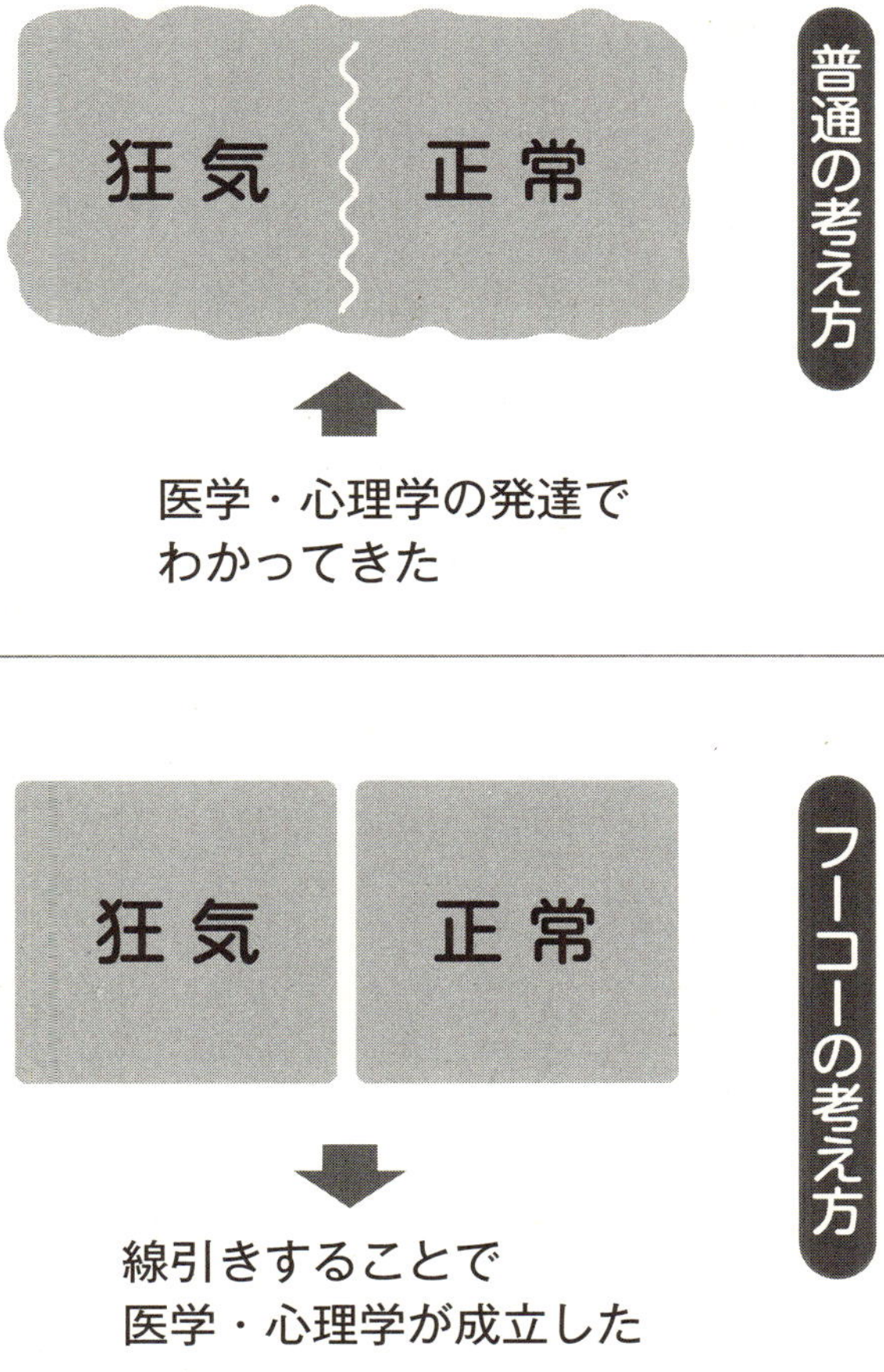
普通の考え方
狂気
正常
医学・心理学の発達で
わかってきた
フーコーの考え方
狂気
正常
線引きすることで
医学・心理学が成立した

したものである。切り口によって、正常にも異常にもなるというわけだ。

従来の考え方では、医学がまだ進んでいなかったので、狂気を精神病と診断できなかったとする。もともと精神病患者は存在したのに、わからなかったのだという理屈である。

しかし、本当にそうなのだろうか。フーコーによれば、精神医学が進歩により、もともとあった狂気が疾患として認識されたのではない。むしろ、狂気が精神病であると判断されたことで、逆に精神医学と心理学が成立したのである。狂気という区切りをつけることで、後から学問が成立したのだ。

こう考えると、**「気分が落ち込む」などの状態をすぐに異常と考えるのはおかしなことだとわかる。**

確かに「うつ病」なる脳内物質の分泌に起因する病気があるのは否定できない。しかし、ちょっと落ち込んだからうつ病なんじゃないかと疑うのは気が早い。

もしかすると「うつ」という言葉を知らなければ、「正常」と「うつ」の区切りをつけることもなかったかもしれない。

同じく、自分は内気だとか、コミュニケーション能力がないとか、集中力がない、落ち着きがない、忍耐力がないなどなど…。誰だってその傾向はあるのに、あたかもそれが正常ではないような線引きをしてしまう。

さらに、もし狂気が歴史的につくられていったとするなら、**もっと自由な考え方をしてもよい**のではないだろうか。狂気と正常に区切りがなくグレーゾーンが存在するのなら、ましてや私たちの常識的な考え方と非常識な考え方に区切りをつける必要はない。常識に固執する理由はまったくないのだ。

世間では、ちょっと新しい企画を提案すれば、「前例がない」とか「そんなの非常識だ」の一言で終わってしまうことがある。新しいことを始めようとすると、周りから「おまえは頭がおかしいんじゃないのか?」と否定される。これらの**常識の押しつけは、まさに狂気と正常が歴史的に線引きされてきたことと変わらない**。

むしろ、常識をくつがえすような発想をして、他人から「狂気」と呼ばれるほどに自由な生き方をすればよいかもしれない(ほどほどにして…)。

自分を変える思考のコツ

ここまでが正常で、ここからは異常という線引きは不可能なのだから、そのような敷居を取り払って自由な発想を持つべきだ。

思考の道具32

武士道

心の奥底に流れる自分の〝武士道精神〟と向き合う

■語られず、書かれてもいない掟

新渡戸稲造が著した『武士道―日本人の魂』。これは、武士道の全体像を初めて西洋人向けにまとめた書である。西洋人は、日本人の魂とかいってても意味がわからないので、新渡戸稲造は武士道と西洋哲学と似ているところをピックアップして説明している。多少無理もあるのだが、新渡戸は、日本人の心を世界に伝えるという大きな功績を残した。

彼は、西洋の騎士道を引き合いに出し、外国人に武士道をわかりやすく伝えようとしている。騎士道はキリスト教の精神が宿っているが、武士道にはそれがない。騎士道では神が絶対的存在であるが、武士道では自分の主君こそが絶対の存在となるのである。新渡戸稲造によると、武士道とは、「語られず、書かれてもいない掟」（第一章）ではあるが、数十年、数百年に及ぶ武士らの生き方から自然発生しているものだという。

また、騎士道と武士道はともに、戦士階級における**「ノブレス・オブリージュ（高貴な身分に伴う義務）」**があることが共通している。**社会的なリーダーにはそれらなりの責任・義務が伴っている**というのだ。

新渡戸によると「仏教は、運命に対する穏やかな信頼、避けられない事柄を心静かに受け入れ、危険や災難を目にしてもストイックに落ち着き、生に執着せず、死に親しむ心をもたらした」（『武士道』第二章）。瞑想による修行、つまり禅こそが武士道をつかむ極意なのである。

特に孔子の教えは支配階級のサムライにふさわしい。君臣、父子、夫婦、兄弟、朋友の五つの道徳関係が重要視されている。

新渡戸は、『武士道』において、武士が身につけなければならない7つの徳目を順次に説明していく。これは、義・勇・仁・礼・信（誠）・名誉・忠義（忠）である。

「義」は、サムライの掟のなかで、もっとも厳しい教えである。サムライにとって、**卑怯な行動や不正な行為ほど恥ずべきものはない**。まさにその心が「義」なのだ。

「義は、自分の身の処し方を、道理に従い、ためらわず決断する心を言う。死すべき時に

死に、討つべき時に討つことである」。（第三章、林子平が定義したもの）

さらに新渡戸は真木和泉の説いた義を補足している。それによると、義は、「人の身体に骨があるようなもの」なのだ。骨がなければ首も正しく据わることができないし、手足もしっかりしない。義は武士の骨格なのだ。

ところで、「義は、もう一つの武徳である「勇気」と双子の兄弟であるとされる。「義」を実践するために必要とされるのが「勇気」である。

勇気とは、「あらゆる種類の危険をおかし、じぶんの命を賭け、死の淵に飛び込むこと」（第四章）とされがちだが、新渡戸によると武士道においては、死ぬべき価値のない理由で死ぬのは「犬死」である。**「生きるべき時に生き、死ぬべき時にのみ死ぬことが勇気」**である。

■『武士道』を通して自分を知る

勇気の心は、高みにのぼると「仁」に達する。なぜなら、力を持つ者は、弱者や目下の者に対して、苦しみを見過ごすことのできない哀れみの心（惻隠の心）を持つべきだからだ。武士の勇敢さから武士の優しさにつながっていく。

●そもそも武士道とは？

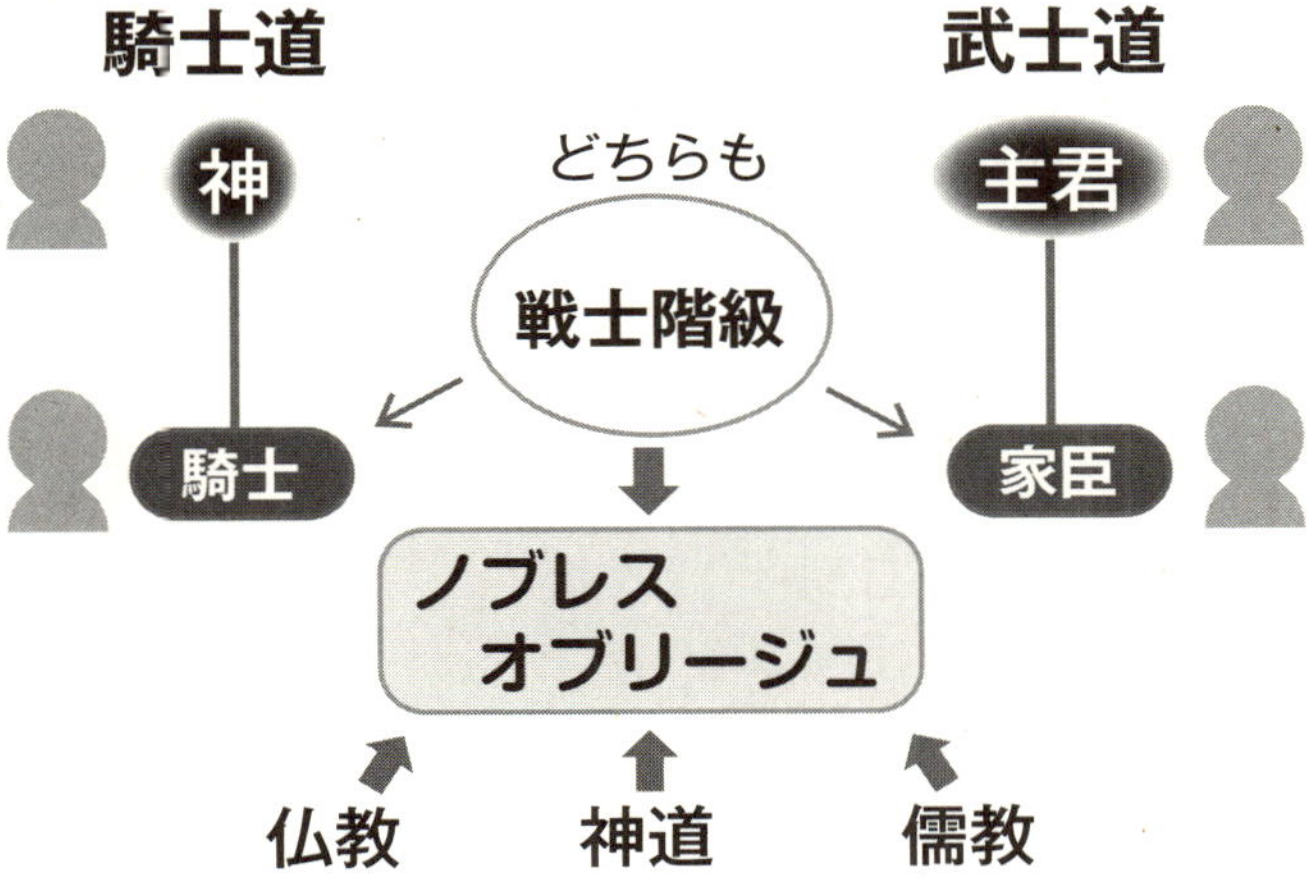
騎士道
武士道
どちらも
戦士階級
神
騎士
主君
家臣
ノブレス
オブリージュ
仏教
神道
儒教

新渡戸によれば、愛情、寛容、他者への情愛、同情、憐憫は、つねに最高の徳であるという。彼は**「もっとも勇敢な者はもっとも優しい者であり、愛のある者は勇敢な者である」**（第五章）と説明する。

もともと儒学では、「仁」は「礼」につながる。というのは、「仁」という内面的な愛が、外面的・客観的なものとして現れるのが「礼」である。

新渡戸は、本当の礼とは、他人の気持ちを思いやる心のあらわれであるとし、優しさの感情を養うことで、他人の痛みに対する思いやりの気持ちが育つと説いている。

「他人の感情を尊重することから生まれてくる謙譲や丁重の心は、礼の根っこにある」（第五章）。新渡戸の場合は、西洋人にもこれが理解しやすいように、以下のような合理的な説明を加えている。

正しい礼儀作法をたえず修練すれば、身体のあらゆる部分、あらゆる機能に完全な秩序がもたらされる。礼儀というのは、外側に現れるものであるから、身体と切り離すことができない。

礼儀は実践的な身体の統御法として解説されているところもまた、『武士道』が体系的な書物となっているゆえんであると言えるだろう。

挨拶の仕方、歩き方、座り方、食事作法などが「礼」であって、私たち日本人にはよくわかることである。礼儀を厳しく守ることの中に「道徳的な訓練が伴われている」ことを新渡戸は強調する。

また、「優雅さ」は「力の効率的使用を意味する」のであり、「その論理的帰結として、優雅な振る舞いをたえず実行していれば、力を備え、蓄えることになる」（第六章）と説かれている。

この「礼」は「信」（誠）とつながる。嘘やごまかしは卑怯であるのは、サムライに二枚舌が許されないからである。**新渡戸によれば、武士は社会的地位の高さにより、「信」**

が要求され、「武士の一言」が真実の十分な保証となる。

さらに、新渡戸は、正直は「名誉」と不可分に混じり合うものであり、**「名誉の感覚は、人格の尊厳と価値について生き生きと自覚することを含んでいる」**（第八章）とする。また、大きな「名誉」を得られるもののなかに「忠義」がある。

「忠義」は、主君に対する無分別な服従ではなく、諂《へつら》いや追従でもなく、武士の名誉を求めることである。武士の刀は、「忠義」と「名誉」の象徴であるとされる。

このように、武士は名誉を重んじ、恥を嫌ったのであるが、一方、恥をかいたときに些細なことで腹を立てるのは「短気」として笑われた。そこで、忍耐によって名誉の行き過ぎにブレーキがかけられたと考えられる。

『武士道』には、金銭についての価値観も記されている。

「武士は金銭そのもの、金を儲け、金を蓄える術を卑しんだ。金は、武士にとってまぎれもなく不浄なものだった」（第十章）とはっきり書いてある。

武士道において倹約が教えられたのは、経済的理由もあるが、むしろ節制の訓練のためだった。贅沢は人間にとって恐ろしいことであり、質素な生活が求められる。そして、新渡戸は「現代には金権支配がなんと急速に蔓延してしまったのだろうか！」（第十章）と嘆いている。

日本人のほほえみについての記述も興味深い。「笑いは逆境によって乱された心の平衡を回復しようとする努力を隠す幕だからである」（第十一章）。それは悲しみや怒りの均衡をとるためのものであるという。私たちが、失敗するとほほえんでしまう理由に納得できるのではないだろうか。

新渡戸稲造の『武士道』には、切腹について（第十二章）、女性の教育と地位（第十四章）についてなど、豊富な説が展開される。私たちの魂の奥に武士道が生きていることは間違いないことである。

『武士道―日本人の魂』には、過去の日本人、現代の日本人、そして未来に私たちがその魂をどうやって引きついでいけばよいのかという課題が示されている。今もまだ武士道は生きているのだ。

自分を変える思考のコツ
日本人であっても、日本の武士道について考える機会は少ない。だが、日本人には知らず知らずのうちに武士道が身についている。自分の中の武士道を探求してみよう。

■参考文献

『人類の知的遺産50 マルクス』都留重人（講談社）
『ウィトゲンシュタイン』A・C・グレーリング／岩坂彰［訳］（講談社選書メチエ）
『世界の名著22 デカルト』デカルト／野田又夫［編］（中央公論社）
『西洋哲学史 古代・中世編』内山勝利・中川純男［編］（ミネルヴァ書房）
『西洋哲学史 近代編』宗像恵・中岡成文［編］（ミネルヴァ書房）
『哲学の歴史 哲学は何を問題にしてきたか』新田義弘（講談社現代新書）
『世界の名著続10 ショーペンハウアー』ショーペンハウアー／西尾幹二［訳］（中央公論社）
『存在と苦悩』ショーペンハウアー／金森誠也［訳］（白水社）
『武士道』新渡戸稲造／矢内原忠雄［訳］（岩波文庫）
『プラグマティズム』W・ジェイムズ／桝田啓三郎［訳］（岩波文庫）
『アメリカ哲学』鶴見俊輔（講談社学術文庫）
『プラグマティズムと現代』魚津郁夫（放送大学教育振興会）
『現象学事典』木田元・野家啓一・村田純一・鷲田清一［編］（弘文堂）
『西洋哲学史 根源知の成立と展開』國嶋一則・久保陽一［編著］（公論社）
『哲学の歴史 第5巻 デカルト革命』小林道夫［編］（中央公論新社）
『世界の名著30 スピノザ・ライプニッツ』スピノザ・ライプニッツ／下村寅太郎［編集］（中公バックス）
『最新図説倫理』（浜島書店）

『新倫理資料集』（実教出版）
『立体哲学』渡辺義雄（朝日出版社）
『中国古典の名言録』守屋 洋・守屋 淳（東洋経済新報社）
『仏教入門』袴谷憲昭（大蔵出版）
『仏教入門 インドから日本まで』瓜生中（大法輪閣）
『賢者の思想がよくわかる本 西洋篇』富増章成（中経出版）
『東洋の賢者の思想がよくわかる本』富増章成（中経出版）
『深夜の赤信号は渡ってもいいいか？ いま使える哲学スキル』富増章成（さくら舎）
『図解だから世界でいちばん分かりやすい哲学入門！』富増章成（洋泉社）
『哲学者の言葉 いま必要な60の知恵』富増章成（角川ソフィア文庫）
『人生の哲学』渡辺二郎（放送大学教育振興会）

著者紹介

富増章成（とます・あきなり）
1960年生まれ。中央大学文学部哲学科を卒業後、上智大学神学部に学ぶ。現在は河合塾やその他大手予備校で「日本史」「倫理」を担当。哲学や宗教、歴史などのわかりにくい部分を読者の実感に寄り添った、身近な視点で解きほぐすことで定評がある。受験生から大人まで、初学者からマニアまで、幅広く支持を集める。

自分《じぶん》を変《か》える思考《しこう》の道具箱《どうぐばこ》

2016年5月5日　第1刷

著　者　富《と》増《ます》章《あき》成《なり》

発行者　小澤源太郎

責任編集　株式会社プライム涌光
電話　編集部　03(3203)2850

発行所　株式会社青春出版社
東京都新宿区若松町12番1号〒162-0056
振替番号　00190-7-98602
電話　営業部　03(3207)1916

印刷・大日本印刷　製本・ナショナル製本

ISBN978-4-413-11179-9 C0010

ISBN978-4-413-11074-7
本体1000円+税